Heinrich Erdmann

Schnorrn, Schnelln un aale Kamelln

Drollige Dichtungen in Vogteier Mundart

Fritz und Klaus

Sieben tolle Streiche zweier verwogener Dorfjungen

Erweiterte Neuauflage

Verlag Rockstuhl

Impressum
Herausgeber: Heimat- und Trachtenverein Oberdorla e. V.

Umschlaggestaltung: Harald Rockstuhl

Titelseite: Hochzeit in Vogteiertracht um 1920
(Foto: Heimat- u. Trachtenverein Oberdorla e.V.)
Rücktitel: Vogteier Brauchtum, Pfingstrechnung
(Foto: Heimat- und Trachtenverein Oberdorla e.V.)

1. Auflage 2007

© Copyright 2007 by Harald Rockstuhl, Bad Langensalza

Gedruckt auf alterungsbeständigem Papier nach ISO 9706

Layout, Satz und Lektorat unter Verantwortung des Herausgebers

Das Werk einschließlich aller seiner Teile ist urheberrechtlich geschützt. Jede Verwertung außerhalb der engen Grenzen des Urheberrechtsgesetzes ist ohne Zustimmung des Herausgebers unzulässig und strafbar. Das gilt insbesondere für Vervielfältigungen, Übersetzungen, Mikroverfilmungen und die Einspeicherung und Verarbeitung in elektronischen Systemen

Dieses Buch wurde in die Deutsche Nationalbibliografie der Deutschen Bibliothek aufgenommen. *http://dnb.ddb.de*

ISBN 978-3-938997-60-8
Verlag Rockstuhl
Lange Brüdergasse 12 in D-99947 Bad Langensalza
Telefon: 03603 / 81 22 46   Telefax: 03603 / 81 22 47

www.verlag-rockstuhl.de

Der Heimat- und Trachtenverein Oberdorla e. V. möchte mit der Neuauflage der mundartlichen Dichtungen „Schnorrn, Schnelln un aale Kamelln" die hervorragende Arbeit des Heimatdichters

Heinrich Erdmann

aus Anlass seines 50. Todestages am 1. Dezember 2007 würdigen.
Seit vielen Jahren erfreut sich die Vogteier Mundart-Dichtung, und hier im Besonderen die Dichtungen von Heinrich Erdmann, eines gesteigerten Interesses bei den Vogteiern. Es ist uns daher ein Bedürfnis das geschätzte Interesse zu befriedigen und damit auch einen Beitrag zur Pflege der Mundart zu leisten und sie im Alltag unserer Bürger wach zu halten.
Der vorliegende Nachdruck vereinigt inhaltlich die Erstauflagen von 1940 und 1941, wurde durch zahlreiche bisher noch nicht veröffentlichte Gedichte erweitert und die tollen Streiche von Fritz und Klaus wurden mit Bildern, die aus dem Nachlass des Heimatdichters von 1953 stammen, illustriert. Die Neuauflage wurde redaktionell von Horst Breitbarth überarbeitet und die Bildbearbeitung besorgten Eckhard Naumann und Uwe Karmrodt.
Der Heimat- und Trachtenverein bedankt sich bei den Nachfahren des Heimatdichters für die Gestattung des Nachdruckes der 1940/41 erschienen ersten und zweiten Auflage im Selbstverlag des Verfassers und der noch nicht veröffentlichten Illustrationen zu „Fritz und Klaus"

Heimat- und Trachtenverein
Oberdorla e. V.

Vorwort

Sprache ist Ausdruck der Volksseele. Sprechen heißt: Die Volksseele wiedergeben durch tiefempfundene, fein unterschiedliche Lautgebilde, die mit ihr ursprünglich und innerlich verwachsen sind, so daß sie der werdende Mensch als Ausdruck der Sinnesart mit der Muttermilch in Hirn, Herz und Seele zieht. Der ganz bestimmte Grundton und die jeweils dazu passenden Nebentöne, die Lautgebilde und die Gedankengänge, die kein Fremdwort, kein artfremdes Gedankengefüge ersetzen kann, klingen naturgemäß am reinsten in der Mundart, da sie nicht künstlich zugeschnitten ist. Hier strömt der Born der Muttersprache aus dem tiefsten Innern der Volksseele. Gerade die Mundart gibt dem Leben eines Stammes eine bestimmte Note, sie ist bedingt durch Blut- und Rasseneigenart, die nicht angelernt, sondern angeboren wird.

„Die wahre Heimat ist die Sprache. Sie bestimmt die Sehnsucht nach ihr, und die Entfernung vom Heimischen geht immer durch die Sprache am schnellsten und wichtigsten, wenn auch am leisesten vor sich", sagt Wilhelm von Humboldt. Und wir wissen, „Heimat ist Friede, Heimat ist Glück", wie es Paul Keller ausdrückt. — Die Muttersprache nur vermittelt uns dieses tiefste und unentbehrlichste Glück.

Oberdorla, im Juni 1940.

Der Verfasser.

Inhaltsverzeichnis

	Seite
Vogtöier Kartuffelgeschmink	1
Buur un Börger Derf un Schtuadt	2
Ebendorl ueben uan	5
Us aalr Ziet	8
D'r behaxte Zägenhannel	12
D'r D-Zoog odder Albert im Kino	15
Je ailr de Köiwe, je schünr de Kälber	18
Änne türe Brausen	20
's äß Kingerfast	22
Änne eigenoortige Krankt	23
Wuas Aanrees getreimt hät	24
Zum Kingerfaste	27
Vergräffen	29
De Ihrensalve	32
D'r nuiwe Ailterist bie dr Klingelprobe	33
Än Musterpuar	35
Allr Sesammenhang nutzt nischt	37
Änne Gemeinderootssitzung	39
Än Lübesbrüf vum Westwall	41
Derch Armatik zum Astronom	42
Falsch betont	44
Fröy – Welling un dr Schpröiskorb	46
et cetera	48
Uf dn Bullenhannel	49
dr Battlar	50
Zwillinge	52
dr dünstiewrige Lieter	53
dr Herr Landrat verr dr Unschtrutbrücken	55
Chrisjanns un Katherin uf dr Reise nach Berlin	57
Dr schienheilige Kärcheneilste	58
Mutter un Kinge im Zoologischen Goorten	60
Än kleines Mißverschtandnis	61
D'r kleine Citero un de besorgte Grueßmutter	62
Pfarrbesuch in Langel	65
D'r kleine Bang un de Flägel	66
Nabber Fatt un sin Ruetkahlchen	69
dr raachte Balwür	70
dr Schmiad als Kurpfuscher	72
Dokter Pillrmann un sinne Kunst	73
dr unzefriad'ne un mißgünstige Buur	74
Änne Polnische Arweiterfraiwe uf dn Fickelmarte	76
D'r Superteind, Michel un dr Schwienehärt	77
Dr Hünnrschport	80
's Schpahnfickel oder: Kinge un Narrn, riaden de Wohrheit	82
Wie mes vun kleine uf gewohnt äß	83

de gizige Lore	84
Wie Meister Aanrees sich salber iengemuurt hät	86
Änne Generualbichte	89
Fast unglaiblich, awer wohr	90
Pappschnuußen	91
Musik un ehre Wärkung	94
Kaspruan d'r Rachenmeister	96
Chrisjans un Vulper verr Paris	97
D'r schluiwe Buur	98
De Kleibensiche	100
Am Brammeltische	101
D'r Musketür am Perpendikel	104
Unsere Valuta	106
D'r Mülverstädter Nuachtwachter	108
Zum Ebendörl'schen Heimatfaste	110
Än politischer Vogtöier	111
D'r Fluarmsche Husar	113
Consorten	114
Vogtöier Kärmse	115
Än Fröihjohrsch Schpazürgang	118
Zu Richskanzlar Hitlers 44. Geburtstaage	120
De dicke Annedorthe – see fingt de richt'ge Worte	121
August, dr Pachvail	122
Häppetä	124
Samel Zeng un's Gehäng	126
Karo als Retter us Geildnuet	129
An minne Vogtöier	131
Schwarzgeschlacht	132
Kingerkritik	134
Albin un dr Kucksseier	135
Än Universalmittel	136
Kullrwalsche Idiodismenrieme us dr Vogtöi	137
Zum Gedenken Vetter Triatschuchs	139
Än gefahrliches Tier	141
Frisch vun dr Lawer – us salbstgemachten Erfuahrungen	141
Gueter Root äß türe	144
D'r Kunfermand vun Eirädn	146
Wie sich August derch de Dachrinn taische lett	147
Än junger Fulpelz un de Rentenzuahlung	148
Salbstbeluhnung	150
De Ventelation	151
Eine seltsame Flaschenpost des Dichters	152
Fritz und Klaus in sieben tollen Streichen	154
Nachwort	197
Zum Geleit	202

Vogtöier Kartuffelgeschmink

Es gätt än aales Liebgericht
Bie uns in dr Vogtöi;
Vun jehaar simme druf erpicht,
Un jedermann lett höi
Dn schünsten Brooten – alles schtieh
Un ißt als Sonderling
Dann sue wuas gätt's dach nergends mieh –
Sin Lieblingsmohl – Geschmink.
Sue lange wie me nach bie uns
Nich uf's Geschmink verzicht't,
Sue lange dr Vogtöier eu
De buursche Schprooche schpicht.

Vogtöier Kartuffelgeschmink

Buur un Börger – Derf un Schtuadt

Schiene labt sich's uf d'n Derfe,
Dar bewies äs langst erbroocht:
Sicher hät eu mancher Börger
Schunt doröwer nochgedoocht

Alles, wuas zum Laben nietig,
Butter, Eier, Worscht und Bruet,
Hät d'r meist immer salber,
Dach d'r Schtaadter nich en Luet.

Pfuinewiese muß ha keife,
Wuas ha brucht, fer türes Gaild:
Ganz un goor es dar belämmert,
Dam duas Letz're eu nach failt.

Frische Luft un all darglichen
Fingt me uf d'n platten Laand,
Dann d'r Buur kriet Wöind un Sunnschien
Immer us d'r erschte Haand.

In d'r Schtuadt, do wärd vum Qualme
Immer stark verpest de Luft.
Un döi vialen Schtinkewaine
Brängen ircht dn schünsten Duft.

Äs d'r Buur d'r Watterlaune
Größtenteils eu usgesatzt,
Muß ha's liede, dann d'r Schtaadter
Äs je nach vial mieh verratzt.

Hät d'r Buur wuas, wuas ehm salber
Nich sue ganz behaglich schmeckt,
Duas wärd ohne Faderlasen
Schwinge in de Schtuadt gedreckt.

En war weiß wie ahlen Guansert,
Dar schunt langst es majerannt,
Wärd ha wuhl nich salber asse,
Dann duas wär schunt all'rhand.

Eu än usrangiertes Hühnchen,
Duas kimmt eber'n Felschenbach,
Dann fer sulche Lackerbissen
Äs dr Buurenmain zu schwach.

Heißt's eu oft: d'r dumme Buur dar!
Ha es schluiwer, wie me glaibt,
Wann ha eu im Bildungswasen
Manchmol stark d'rnaben haibt.

Dach ha grüßt än jeden fröindlich
Un es nich sue absenuat,
Wie manch huechgebilder Börger
Un döi Damen in d'r Schtuadt.

Eu gätt ha im allgemeinen
Nach etwuas uf Religion,
Wu döi all'rmeisten Schtaadter
Nischt mieh wisse wun d'rvon.

Deshalb kimmt dr Buur in d'n Himmel,
Wuas käm Zweifel ungerlitt.
Un wuderch ehn dann d'r Börger
Machtig uf d'n Gicker kritt.

Viales guabs eu uf d'n Derfe,
Wuas d'r Schtaadter irscht belacht;
Un nun dach zum Schannspecktakel
Hät d'n Buuren noochgemacht.

Dann döi Nuamen, döi de Börger
Jetzt fer ehre Kinge hann,
Sue heißt höi de eilste Fraiwe
Un d'r allereilste Mann.

Liesbeth, Ewald, Anneliese,
Gertrud oder Annmarie,
Döi guabs höi ver fuifzig Johren,
Jetzt sin an'rn an d'r Rieh.

Mät Theater un darglichen
Äs d'r Börger besser druan,
Un ha wängt – 's gehiert zur Bildung –
Höi d'n letzten Gröschen uan.

Gitt ha's Noppts dann in de Oper,
Litt d'r Buur schunt langst im Bett,
Will nach sinn'r harten Arbeit
Ha de Ruiwe nietig hät.

Dann ha muß am an'ren Morgen
Wädder ganz biezieten rus;
Wüll ha's, wie d'r Börger mache,
Do sög's manchmol biese us.

Gitt's im Derfe druf un drunger,
Do wärd's ruiwig in d'r Schtuadt;
Wann d'r Buur brucht vür puar Hänge,
Reist d'r Schtaadter furt ins Buad.

Sue wuas hät d'r Buur nich nietig,
Dar bad't sich im eignen Schweiß.
Nimmt än Sunnbuad – un duas dient ehm
Zur Gesundheit – wie me weiß.

Dann ha es dach vial gesünger
Wie d'r Börger, dar schtats schwabt
In Gefuahr, se schtarben schwinger,
Will ha flotter hät gelabt.

Wann ins Laand dann rückt d'r Wöinter,
Kritt's d'r Buur eu etwas gut.
Un nach all dam vialen Schufften
Faßt ha wädder frischen Mut.

's Noppts gitt ha en bischen Schpälle,
Eu zum Schlachtfast wärd geginn;
D'rimm hät's manchmol dach sin Gutes,
Sue än dummer Buur se sinn.

Schiene labt sich's uf d'n Derfe,
Duas han me schunt langst gewußt;
Dach nun schlog sich Buur un Börger
Jeder mol an sinne Brust –

Un bekennt: Wu äs am schünsten,
Dach ich glaibe – ich han raacht –
Sin se tüchtig uf d'n Posten,
Do gitt's beiden nich sue schlaacht.

Derf un Schtuadt muß sich ergänze,
Duas wärd wuhl de beste Kuur,
Dann d'r Buur dar brucht d'n Börger
Un d'r Börger brucht d'n Buur.

Vogtöier Trachten

Ebndorl ueben uan

In Ebndorl, do äs wuas lues,
's äs größte Derf im Kreise;
War nergends wuas gewaare kann,
Bie uns kimmte ins Gleise.

Es niahrt sich höi än jeder guet,
Dar Arbeitslust un Trieb hät;
Besungersch wann ha uebendrien
Än wärtschaftliches Wieb hät.

Eu sust äs alles guet im Schuß
Bis uf sue einige Schtroßen,
Dach Ordnung herrscht, wanns Suintag würd,
Äs alles wie geblosen.

Dr Friedhof dar äs wuinrbaar,
Höi kumme uns loß gesiehe;
War dan beträtt un raacht betracht,
Muß Lust zum Schtarben kriehe.

Un de Kapalln, döi äs zuglich
Denkmol fer de Gefalln'n;
De Uanlooge sue drimmerim
Äß's Schünste nach vun alln.

De Kärchen lang, wie 'ne Chaussee
Mät guet nienhuinert Sitzen,
Dach jeder hiert dn Pfarr un brucht
De Uhren nich seschpitzen.

Eu würd döisalbe guet geheizt,
Duas heißt – blues wann es kaalt äs –
Wuas ganz besungersch fruh begrüßt,
War klapperig un aalt äs.

De nuiwe Glocken, döi me han,
Döi schallen in de Wiete
Melodisch, herrlich cis – e – fis,
Wie seiln än Geliete.

Än Bildungsverein hamme eu,
Duas äs 'ne schiene Sache.
Känn annr Derf – gitt wiet un breit –
Kann uns duas noochgemache.

Dar existiert guet sachzig Johr,
Schtütt nach in vullr Blüte.
Ha äs än Schpender, duas äs kloor,
Fer Harz, Geist un Gemüte.

Han eu än ziamlich grueßes Hailz,
Sue guet dröitousend Morgen;
Üm Brennhailz, dodruf simme schtailz,
Brucht sich känn Meinsch sesorgen.

Un Schteine gätts do massenhaft,
Oft riesengrueße Brocken;
Drüm blick me in de Zukunft höi
Getruest un unerschrocken.

Än kleines Schtückchen öwerm Derf,
Do tunn zwei Qualln entschpringe,
Dr Kaischprung un dr Melicherborn,
Drus hullt dr Schork de Kinge.

Dr Kaischprung läwert uns de Jung'n
Dr Melicherborn de Maachen.
Eu äs dr Bach, dar höi entschpringt,
Fersch Derf än grueßer Saagen.

Zur erschte äs ha glich beschtrabt
De Buadeuanschtaalt se füllen,
Leift schwinge dann zum Derfe nien
Un triebt höi nach vür Müllen.

Dr Anger gillt als Mittelpunkt,
Ehn schmücken aale Lingen;
Känn zweiter äs wie ha sue gueß,
In Thüringen sefingen.

Dr Buahnhof litt zwar wiet vum Ort,
'ne halbe Schtuine fast;
Dach, wanne naher leg, do wörr
Dr Zoog vial mieh verpaßt.

Han Dokter un Apthieken höi,
Durt wäd geschräpft, geimpft;
Eu änne Bank, 'ne Mulkeröi,
Weh dam, war dröwer schimpft.

Un's Lieblingsmohl duas heißt Geschmink,
Warsch nich ißt, äs än Schtuffel,
Dann es beschtitt us Schüpsenfleisch,
Salz, Kömel un Kartuffel.

Eins nach, wuröwer'sch Derf verfügt,
Duas sinn Vogtöier Kärsche.
Fer hitte denk ich – es genügt,
Schräb sust nach zwanzig Värsche.

Wuas ich se dichten höi gewoogt,
Äs nischt Gelungnes druan;
Eu han ich dn Bewies erbroocht:
Ebndorl schtütt ueben uan."

Us aalr Ziet

Hiert har döi Liet' – us aalr Ziet
Wäll ich uch wuas erziale;
Dach wuas ich weiß, duas wissen je
Im Derfe nach goor viale.
Sue manches hät inzwischen sich
Vun Gruine uf verannrt,
Eu mancher äs, dar'sch mät erlabt,
Geschtorben – usgewannrt.

De Zieten kummen un verginn
Un mät ehn sin verschwungen
De aale schiene Sitten all'
Vergassen un verklungen.
Dach guckt me fuifzig-sachzig Johr
Zerück, do wäd me finge,
Daß viales, wuas irscht schiene wuar,
Hät mät dr Ziet mutt Schpringe.

Se waabten domols Hus fer Hus
Un brochten ehre Wuaren
Bie Meister Knüpfeln, manche sinn
Eu in de Schtuadt gefuahren.
De Wieber un de Kinge dann
Döi mutten Schpulen mache,
Un Arweitsluese guabs do nich,
Duas wuar'ne hübsche Sache.

De Buuren schwungen hallewack
De Flägel schtramm im Tackte
Dn ganzen Wöinter Schinn fer Schinn,
Daß alles nur sue knackte.
Un dann de Wieber mutten sich
Mät ehrem Flachs bemöiwe;
Se brajten, schwungen, hajelten
Schunt oft in allr Fröiwe

Fraiwen bim Schpinnen

Dann's Noppts, im zahne, älfe rim
De Maachen un de Borsche,
Döi satzten düße Arweit furt
Un zeigten ehre Forsche.
Duas wuar än Klappern jeden Noppt;
Eu manchen äs's gelungen,
Daß ha bie dar Gelagenheit
De Richt'ge hät gefungen.

Dann wuar geschpunn un noocht gewaift,
Kann mich nach guet entsinne –
De Maachen gingen dozemol
Schtatt Schpälle meistens Schpinne.
Un's Schpinnruad wuar lakürt, verzürt,
Dann irscht de Rockelbanger,
Sue buinte, wie än Schmatterling
Un nooch un nooch eu langer.

De Schpinnel schnorrte allrlübst
Un dobie wuar gesungen,
Dach sue än Lüd hät ohne Schtriet
Ganz wuinrbar geklungen.
Wann oftmols eu dr Fuaden räß
Un Grüte wuar verlaagen,
D'r Schuaden, dar wuar schnall geheilt,
Duas hat nischt sesaagen.

Domols schtungs aale Bruiwehus
Nach hingen an dr Schille;
Fer söben Pfennige kumme do
Dn größten Dorscht geschtille.
Höi wuar nur Einfachbür gebruibt,
De Schenke schtung geinöwer,
Durt wuar verzapft dar Göttertrunk,
Do ging verdammt nischt dröwer.

Noocht ferr än Sachser krächt me schunt
Än darben Schmaarfattfluaden;
Me uaß un trunk, un's Portmannee
Lätt goor känn grueßen Schuaden.

Un eu de Kleidung wuar browuat
Us salbst gemachten Wuaren;
Kammlott un Linn, dann me verschtungs
Am raachten Flack seschpuaren.

Im blaiwen Kättel schmuckten sich
De Jungen wie de Aalen;
Un sue än salbstgemachter Schmäß
Hät johrelang gehaalen.
Zu dar Ziet wuar de Meinschheit nach
Zefraiden un solide
Sue, daß me se möchte' hitte nach
Drim derchewack beniede.

Min Grueßmutter, duas weiß ich nach,
Döi schpunn biem Hangelüchte,
Wuas ferr döi jetz'ge Genration
Dach keinesfalls genügte.
De Schteinölslampen äs nischt mieh;
Elektrisch – huinrtkerzig
Un war duas nich erschwinge kann,
Dann winigstens drißig – verzig.

Sust hät je eintlich de Vogtöi
'ne ziamlich fine Looge,
Drim wuar eu höi vun Aalrsch har
Schtats alles guet im Zooge.
Hät guetes Laand, eu salber Hailz,
Suat Schteine, Wiasen, Wasser;
Un de Vogtöier sin bekaant
Als Schpuarer, nich als Prasser.

Inzwischen hät dr Zuahn dr Ziet
Sue manches wack gefrassen,
Vial schiene, aale Sitten sin
Verschwungen un vergassen.
D'r Zietgeist sorgt je schunt drfeer,
Beschnitt döi aale Zöpfe
Un hät gebroocht, war hatt's gedoocht,
Uns goor schunt Bubiköpfe.

D'r behaxte Zägenhannel

Schorsch un Märtnuan gingen beide
Eines Suintuags hän nach Schtruth;
Schorsch wull änne Zägen keife,
Döi ha hatte, wuar nich guet.
Höi duas sull wuas Gutes siehe,
Deshalb sinn se ohne wittersch
Schnurschtrakts hän nach Schtruth geginn.
Rien Nummer sachsenzwanzig,
Suagen sich de Zägen uan;
Wu se Schorsch krächt in de Aiben,
Hatte glich Gefalln druan.
Eine wisse Schweizer Zägen,
Wie gemoolt – wuas wull man witter?
Jung, hübsch grueß, eu ohne Hörner,
Mät äm ganz barwarschen Itter.
Achtzen Mark un än puar Gröschen –
Schorsch wuar immer nich sue kleinlich,
Ohne langes Fodern – Büten,
Wuaren se schnall hannelseinig,
Schorsch nuahm se biem Batzenbaane,
Mertnuan söckte hingerdrien,
Noocht in Diedorf in dr Schenke
Kiehrten se än Mialchen ein.
Un döi Zägen, schunt marode,
Bungen se am Höfchen feste;
Drinne suaßen, wie gewöhnlich,
Eine ganze Uanzuahl Gäste.
Feste wuar gezacht – getrunken;
Schorsch dar guckt – de Zägen kuibt.
„Mertnuan, loß uns nach än trinke,
Bis se sich hät usgeruibt!"
Dach se trunken noocht nach dröie,
Bis se förmlich scheib geladt;
Schorsch un Mertnuan alle beide,
Jeder än im Dache hat.
„Kummt, jetzt mach möi uns än Schpaßchen,
Schpicht dr Schnieder Josef Mock:
Heimlich nahm ich wack döi Zägen,
Binge hän min Schweizer Bock;
Ungerhaalt inzwischen beide,

Bis daß ich zurücke bän!"
Wie geseit – ha nuam döi Zägen,
Un bung noocht sin Bock dohän.
Korsk druf ging de Reise witter,
Mertnuan wankte hingerdrien –
„Schorsch – guck nur – duas schiene Itter,
Mät dar Zägen häste Schwien;
Un wie döi jetzt kann gelaife,
Guet wuarsch dach, daß möi geruibt,
Sust hat sicher dinne Zägen
Ungerwagens obgebuibt!"
Endlich wuaren se drheime –
Jerte uahnte schunt's Malleer
Denn se kuamen mät dr Zägen
Baal nich derch de Gassenteer.
Rien in Schtall – un uangebungen –
„Bän geschpannt, wuas döi wuhl gätt!"
Schorsch broocht knapp nach huech deZungen –
„Wuas döi fer än Itter hät!"
Jerte kuam un wull se malke –
Krapste hän un krapste har;
Alles lapsch un walke -
„Nun wuas äs an lues mätt dar?"
Un döi Zägen runn un hupfte,
Jerte hullte sich än Schtock.
Ganz erschrocken, wu se zupfte,
Gröhlt se: „Schorsch, 's äs je än Bock!"
Schorsch dar kunn duas nich geglaiwe,
Krächte fast än Narvenschock;
Ha beschnankerte se knaiwe,
Dach es wuar un bläb än Bock.
„Nun, ich kann mich's nich gedenke,
Han dach's Itter nach gesinn,
Wu in Diedorf verr dr Schenke
An dr Ecken see geschtinn.
's kann mich keiner wuas erziahle,
Mertnuan weiß sue guet wie ich;
Höi äs Haxeröi im Schpiale,
Düssen Bock, dan kaift' ich nich!"
Suintuags druf – in allr Fröiwe –
In dr Wochen paßt's nich guet –
Broochten Schorsch un Mertnuan wädder

Dan verflixten Bock nach Schtruht.
Doch in Diedorf in dr Schenke
Wuar eu düsmol Halt gemacht,
Un döi Gäste – 's lett sich denke –
Han se beide usgelacht.
Wädder hatten se gebungen
Ehren Bock uf's salbe Flack.
Mock laift heime, hullt de Zägen,
Nimmt sinn Bock schnall wädder wack.
Manches Schnapschen wärd getrunken,
Ahnlich, wie am ver'gen Mol,
Ganz gehörig zugeschprochen
Dam verdammten Alkohol.
Endlich, wu se halb im Dampfe,
Schtäweln se mät frischem Mut
Schorsch un Märtnuan ohn' Bedenken
Mät dn Bocke ruan nach Schtruht.
Hän in Nummer sachsunzwanzig,
Höi kimmt irscht dr schünste Akt –
Beide han dan ormen Schtrühter
Ganz gehörig uangesackt:
„Höi han möi wuas Schienes krägen,
Hat uns gründlich iengeseift
Un anschtatt 'ner Schweizer Zägen,
Düssen albern Bock verkaift!"
„Döi Vogtöier hat än Klaps;
Sieht an nich duas schiene Itter,
Oder sitte blöind vum Schnaps?"
Beide schtinn se jetzt un gucken
Nach dar Zägen ganz verflahmt,
Schorsch un Märtnuan schuilrn, rucken
Sich un sinn racht tüf beschaamt.
„Jetzt loß ich mich nischt mie saige,
's kann gekumme wie 'nc Axt,"
Meinte Schorsch: „'s hät uf dn Waige
Ergend jemand mich behaxt!"
Do se sich entschuldigt hatten,
Schnallte Schorsch dn Riemen druan,
Un se truaten mät dr Zägen
Ganz blamürt dn Heimwag uan.
Dach in Diedorf an dr Schenke
Sin se links verbie gemacht,

Dann döi Giaste hatten sicher
Düsmal nach vial mie gelacht.
Schpöt irscht wuaren se drheime
Mät dr Zägen uangelangt;
Jerte wull dan Zimmt nich glaiwe,
Hät mät Schorschen sich gezankt:
„Wuas döi mich do wullt erziahle,
Meinte Jerte: „Schwindelöi!
Höi äs ergend wuas im Schpiale,
Awer keine Haxeröi.
Alles Humbug, alles Legen,
Mertnuan hät dich dach verlädt;
Kaif me wädder eine Zägen,
Do gitt Jerte salber mät!"

D'r D-Zoog odder Albert im Kino

Albert wuar än Fröind vum Kino
Un will ha nach leidlich jung,
Lott ha sich dan Schpaß nich nahme,
Un luf hän, wann's ergend gung.

Doppelkopf un sust darglichen,
Alles lott ha drüm im Schtich',
Kunn vun allen sich getrenne,
Awer vun dn Kino nich.

Einmol dach wuarsch ganz bedenklich,
Dann schunt wuarsch dr vörte Noppt,
Daß ha heimlich, wie besasse
Hän ins Kino wuar galoppt.

Un gegann wuar – fast ungleiblich –
Jedesmol duas salbe Schtück
Un dach hulen ehn zahn Faare
Sicher nich drvon zerück.

Sinne Fraiwe dorft's nich wisse,
Dann sust hattes wuas gesatzt;
Jo, döi hat ehm ohne Zweifel
Beide Aiben usgekratzt.

Tuagsdruf, wu ha mich begeinte,
Nuahm ich ehn mol ins Gebat;
Dach ha meinte: „Häll de Guschen
Un mach drüm känn grueßen Knaat!"

Doruf seit ich: „Wann du einmol
Sue än Film hatt'st uan gesinn,
Bruchste dach nich dröi- goor vürmol
Immer wädder hän seginn!"

„Duas verschtiste nich," meint Albert,
„Höi duas wuar sue intressant,
Daß ich – Heinrich kasts gegleibe –
Förmlich wuar, wie hänn gepannt!"

Dann es kuam su'n hübsches Maachen,
Än ganz allrlübstes Ding,
Döi gedanklich an äm Tiche,
Ganz allein schpaziere ging!

Han gegleibt, se will sich buade,
Wuas vermutlich eu geschtimmt;
Dach paß uf - 's äs jammerschuade,
Wuas es fer än Usschniad nimmt!

Dann eu fung se uan sedrillrn,
Wie än Larchen, sag ich dich,
Un ich wuar, ums raacht seschildern,
Ganz perplex, ganz ußer mich!

Dach hier har – jetzt kuam nun's Schünste,
See fung uan un zug sich us,
Treckte ehre Kättelaasche
Faktisch bis uf's Hämmchen rus!

Wu se dann eu nach duas Letztre
Huech wull schtreifel ganz behänd,
Kuam än D-Zoog uangefuahren
Un verhuinzte dan Moment!

Alle han dan Zoog verwattert,
Will drzwischen ha gefuscht
Un hät uns – es wuar zum gaaken –
Schtats duas schiene Bild verwuscht!

Eins wäll ich mich verbehaale,
Heinrich, duas verschprichste mich:
Saag jue nischt fer minne Aale,
Sust do hagelt's förchterlich!

Un dann kenn ich schunt döi Riaden,
Daß se schpricht: „Du dummes Hus,
Sullst bie uns drheime bliebe,
Haste Tonfilm kostenlues!"

„Albert" seit ich, schloof nur ruiwig,
Ich behaales streng fer mich;
Kann mich doch in mich bekümmer –
Aber eins verschtieh ich nich:

Daß du sue vial Geild veralbert,
Un bist, do de nischt gesinn,
Will dr Zoog drzwischen suuste,
Immer wädder hän geginn!"

„Nun, dich kann ich's je gesaage,
Wuas mich hät drzu beweit;
Dach än jeden Schnüffel
Hat ich's sicher nich geseit!

Ich hat schtark drmät gerachent,
Daß wuas dach schunt oft geschuah,
Dar vermaleteite D-Zoog
Mol Verschpötung kin gehua!"

Jetzt mut ich mich dach beiele;
Seit: „Mach's guet" un drieht mich flott.
Han mich – eintlich süll me hiele –
Baal verr Lachen usgeschott.

Je ailr de Köiwe, je schünr de Kälber

Bie Nabber Ricken wuarsch nischt Nuiwes,
Daß dr Meister Adebar erschänn,
Dann fast alljahrlich broocht darsalbe
Höi sue än nacktchen Wötzel hän.

Un Ricke, döi nuahms nich sue knaiwe,
Zerbruach sich drümm nich dn Kopf;
Ehr Mann wuar abensue geloosen,
Sust eigentlich än ormer Tropf.

Binuachten rüm, in jenem Johre,
Do hät sich's sachste iengeschtaalt
Un usnohmswiese wuarsch gerade
Ich weiß es nach – erbarmlich kaalt.

D'r kleine Worm, dar luag im Korbe,
Dar dicht am Kachelueben schtung,
Welch Letzt'rer dann vun allen Sieten
Vull naßgemachter Wingeln hung.

De Fringe, eu de Nabberschliete
Besuchten Ricken, broochten wuas;
Ries, Kaffee, Zwiebacken, Kallatschen,
De eine düs – de annr duas.

Natürlich wuar dar kleine Schprößling
Schtats etwas ver ans Lücht geruckt,
Vun all' dan Wieber, döi do kuamen,
Gröindlich beschnankert un beguckt.

Un jede seit nun ehre Meinung:
„Ha cilicht Jörgen – eilicht dich,
De Nuasen hätte wie sinn Vuater
Un's Hoor wie du sue gruselich."

Es äß än allrlübster Bengel,
Wuas dar fer helle Aiben hät;
Än Köind, warhaftig wie än Engel,
Ich gleibe, daß ersch wenek sue gät!"

Sue ganz verschieden wuar de Meinung,
Baal sue, baal sue – eu bläb sich's glich –
Dann jede wull dach blues wuas saage,
Ab's schtimmte, odder schtimmte nich.

Nun hatte Ricke eu än Schwinnchen,
Wuas grade etwas unpaß wuar
Un drüm, bie düser Huinekülle,
Zu grues fer see dach de Gefuahr.

Deshalb nuam sees mät in de Schtobbn
Un packte nun duas lübe Schwien
In änne aale Kingerscheesen
Ganz hübsch in warme Luinden ien.

Duas Schwinnchen lott sich's eu gefalle,
Hät nich gegruinzt un nich geknorrt,
Es wuar sue ruiwig un sefrieden,
Als ob's verschting än jedes Wort.

Do kimmt Schwair Barbe eu bie Ricken,
Brängt ehr än ganzes Körbchen vull,
Dann gitt se einfach hän zur Scheesen,
Will see dan Klänn mol siehe wull.

Dan Korb, wu drinne litt dr Schprößling,
Hät see wahrschienlich nich gesinn,
Will dar sue etwas witter hingen
Un dich' am Ueben hät geschtinn.

Duas Schwinnche, duas litt mieschenschtille,
Es rippelt un es reit sich nich;
Guckt muinter, wie än Heidelaarchen,
Un fühlt sich höi ganz molliglich.

Un Barbe schpricht: ,, Än rarer Bengel,
Wie dar geschtrackt im Bettchen litt;
Duas Buschmuul un de dunk'le Aiben,
D'r Jörge, wie e gitt un schtitt!

Es äß döi aaltbekaante Regel
Ganz in Erfüllung höi geginn:
Je ailr immer sinn de Köiwe,
Je schünr schtats de Kälber sinn!"

Änne türe Brausen

Ich han emol än Buur gekaant,
Dar hat goor förchterlich gejahnt;
Im Backen hatts än Knacks gegann,
D'r Kiahnluaden wuar us dr Pfann.
Dach nach dam Knackse, welch Malleur,
Schtitts Muhl uf, wie 'ne Kobenteer.
Ha guckt sich ganz verzweifelt üm,
Leift ängstlich in dr Schtobbn rüm;
Ha wörgt un drückt, ha gröhlt un krischt,
Dach poudshän – 's hilft ehm alles nischt.
Domols hat möi nach keine Buahn,
Drüm schpannt dr Knaacht dn Schämmel uan
Un fiahrt mät ehm, sue schnall ha kann,
Zur Schtuadt bie Doktor Zimmermann.
Goor vialen hat duas Schpaß gemacht;
Döi ehm begeint, han schtats gelacht,
Nich öwern Knaacht, nich öwern Guul,
Blues öwersch ufgesperrte Muul.
Un wu se han erreicht de Schtuadt,
Leift rien dr Knaacht zum Dokter gluat,
Wäll ehm erziahle, wuas geschinn,
Dach will dar schlaacht Vogtöisch verschtinn,
Horcht ha nich hän, wuas jener wäll
Un schpricht: „Nun aber etwas schnell!
Mal schleunigst Ihre Lumpen raus,
Ich muß heut noch auf's Land hinaus!"
D'r Knaacht druf schpricht: „Herr Doktor nun –
„Rasch, rasch, ich hab noch mehr zu tun!"
D'r Doktor gröhlt, sue siehr ha kann,
Zerrt ehm de Juppe rus – alsdann
Pülkt ha ehm wütend ins Gesicht:
„Nein solch ein Kerl, man glaubt es nicht;
Schnell Weste noch un Hose raus!"
Ab dar besoffen äß? – denkt Klaus –
Un endlich wärd min gueter Knaacht

Ver Ungeduild eu forchbar schlaacht,
Dach, wann ha wattert immerfurt,
Es hilft nischt – ha kimmt nich zu Wort.
Un wue schtitt im Hämme do,
Freit dr Dokter. „Wo fehlt's, wo?"
„Mich feilt blues wuas im Portmanee,
Sust bän ich sue gesuind, wie See;
Dach drußen, dicht ver ehrer Teer,
Do fuhr ich mät min Herrn veer!
Darsalbe äß je – Gott sie Dank
Eu eintlich nich zum Schtarben krank,
Hät nur sinn Muul schperrwiet uf schtiehe,
Un kanns nich wädder zu gekriehe!"
„W'rum hat er das nicht gleich gesagt?"
vergeblich hab' ich mich geplagt
Mit Ihnen – diese Blödigkeit,
Wo doch so kostbar meine Zeit;
Da soll nicht reißen die Geduld!"
„Nä, See sin ganz allein druan schuild,
Schpricht Klaus, möi sinn je schtats de Dummen,
Ich bän goor nich zu Worte gekummen!"
Schnall zöihte sinne Luinden uan
Un hullt nun Fix sin Herrn ruan.
'ne halbe Schtuine äß verginn,
Dach's Muul hät wiet nach ufgeschtinn.
„So nehm er Platz auf diesem Stuhl!"
D'r Dokter schpricht's, betracht sich's Muul
Klatsch – hät'n ins Gesicht geschlain,
Sue, daß ha fast vum Schtuhl geflain.
Un wuen plötzlich sue geschwappt,
Rups äß de Guschen zugeschnappt.
Dar Patsch, dar hät gekost sachs Mark,
Duas wuar je zwar än linschen schtark,
Beschtimmt wuar höi gerachent mät,
Daß ha dn Knaacht hät usgeklädt.
Dach wuar dr Herr sue frueh wie nie,
Daß endlich düsse Qual verbie;
Dann heimwarts schpricht ha ver Klausen:
„Köind, Köind, duas wuar 'ne türe Brausen!"

's äß Kingerfast

Wuas äß an uf dn Anger lues,
Es leift je alles hän,
Ab aalt, ab jung, ab klein, ab grueß,
's äß alles uf dn Bänn.
's äß Kingerfast, 's äß Kingerfast
Un duas äß klipp un kloor:
Duas äß dach's allrschünste Fast
Fer uns im ganzen Johr!

Kingerfastuemzoog

Sieht, wie dr Anger äß geschmuckt,
's äß werklich änne Pracht;
Än jedem, dar sich's raacht beguckt,
Fruhe's Harz im Liebe lacht.
Döi Kinge sitt vergnügt uf dr Rieh
Un freit uch, daß de labt;
Noocht tanz möi eu, wann's Schpial verbie,
Bis's Hämm am Liebe glabt!

Möi freien uns war weiß wie siehr,
De Grueßen, wie de Klänn;
Wärd Vuatersch Portmanee eu lier,

Do loß mes aben hänn.
's äß Kingerfast, 's äß Kingerfast
Un einmol blues im Johr;
's äß immer's schünste Fast gewaast
Bie uns höi – duas äß kloor!

Han unse Mütter eu drbie
Vial Arbeit un Verdruß,
Do krinn se hingerhar uf dr Rieh
Drfeer vun uns än Kuß.
Zum Kingerfaste gätt's setunn
Fer se sue allrhand,
Will möi höi schick erschiene wunn
Im fastlichen Gewand.

De Herren Liehrer han eu zwoor
Se schicken drien un druf,
Drfeer gehorch möi's ganze Johr
Un passen fiene uf.
's äß Kingerfast, 's äß Kingerfast
Un eins äß allen kloor:
's äß immer's schünste Fast gewast
Bie uns im ganzen Johr.

Änne eigenoortige Krankt

D'r kleine Klaus hät usgeschloofen,
Ha riebt de müde Aiben us,
Do nimmt dn sinne Mutter Miene
Behänd us dn Bettchen rus.

Wu ha sin Kaffee hät getrunken,
Do wärde schwinge uangezaihn;
Us Sorgfallt hät se sinne Lumpen
Ins warme Zimmer schunt getrain.

Zöiht ehm de Hosen uan un Jacken,
Dach wu sen uf de Beine schtellt,
Un ha wäll än puar Schriate laife,
Pordouztig uf de Nuasen fällt.

De Mutter glich vull Angst un Sorgen
Kritt än goor ferchterlichen Schrack.
D'r Klaus versücht es immer wädder,
Dach ha kimmt nich än Schriat vum Flack.

Ehr äß ganz jummerich zu Mute,
See hielt un schpricht: (äß lichenblaß)
„Hät an dr kleine, lübe Bengel
Schunt Rheuma oder Ischias?"

De Maid muß schnall dn Doktor hulle,
Ha kimmt un schpricht: „Was hast du Klaus?
Doch nicht etwa Kinderlähmung,
Mal schleunigst alle Lumpen raus!"

D'r Mutter zuckt's in allen Gläddern,
Se zöihten schnall de Jacken us;
Dann an dr Hosen muß se zerre
War weiß wie, dach se wäll nich rus.

Wu see's dann richtig ungersüchen,
Un gucken ganz gnaiwe hän,
Do schteckte in äm Hosenbeine
D'r kleine Klaus – mät beiden Bänn.

„Nun ja – da habt ihr die Bescherung,
Das konnt' auch ohne Doktor geh'n,
Wenn ihr, bevor ihr mich gerufen,
Den Fall genauer angeseh'n!"

De Mutter dach wuar vullr Freiden,
Daß sich's mät Klausen sue gemacht;
Sue oft se dach dan Schtreich erwiahnten,
Do han se see schtats usgelacht.

Wuas Aanrees getreimt hät

D'r Aanrees wäll zu Bette giehe,
Ha sücht un schpükt im Dinge rüm;
Sin Wieb döi schpricht: „Kanns nich verschtiehe
Du brängst dich je baal salber üm!

Häst du an ergend wuas verluren,
Häst du an ergend wuas vermißt?
Hiehr Ahnrees, häst dann keine Uhren?
Wuas du nur fer än Karl bist!

Du sullst dach furt schunt schloffe giehe,
Dach hierschte immer nich uf mich;
Me kinn de Schwänzelänz gekriehe,
Dann wuas ich saage, gilt dach nich!"

„Es gilt schunt _ Grüte, häll de Guschen,
Ich han dan albern Brüll verleit!"
„Dar litt beschtimmt bie Nabber Muschen,
Schpricht see: ich han's schunt oft geseit –

Du sattn in de Scheiden schtecke,
Dach hitte bruchsten je nich mieh,
Jetzt wumm uns nach dr Decken schtrecke
Un gluat sesammen schloffe gieh'!"

„Jo, Grüte – 's äß je sue ne Sache, -
Ich hat dich's löwer nich geseit,
Dann du wärscht einfach dröwer lache,
Drüm han ich's x-mol öwerleit!

Egal – ich kann dich's eu gesaage:
Ich han döi Nacht än Traim gehatt,
Da schtung ich an äm Wasserschtaage,
Wu sich zwei Maachen han gebad't!

Se fatschelten, se tauchten unger,
Se wuschen sich de Beine ob,
Un schprungen in dam Bache nunger
In vullem Susen un Galopp!

Es worrn zwei allrlübste Dinger,
Bän sachtchen hän un har geginn
Un dach han ich – hull mich dr Schinger –
Vial wenniger wie nischt gesinn!

's wuar wie än Floor fer min Gesichte,
Ich han geräben, han gewuscht;
Ich schläch mich liese ruan ganz dichte,
Han ganz vergablich dach geluscht!

Un wuas wuar schuild, wälls nur verroote:
Ich hat känn Brüll – wuar öwel druan!"
„Wuas Mann – kennst wuhl nich de Geboote,
Jetzt awer häll dn Odn uan!

Wie kastes nur sue wiet getriebe,
Wu du list naben mich im Bett?
Im Schloofe Ihebruch verübe,
Nä – nä – sue hamme nich gewätt'!

Duas kann uch Mannspack blueß passüre,
Höi sieht mes, wie de sitt geschtaalt;
Uns Wiebern kinn duas nich gerühre,
Duas lette uns dach förmlich kaalt!"

„Dan Schpaß, dan kaste mich erlaibe,
Ich han mich köstlich amesürt
Un dann – kast mich's gegleibe – Fraibe,
Döi Maachen han sich nich schinnürt!

Ich wörr mich wie än König freie,
Un göb eu werklich sustwuas drüm,
Wann ich nun düsse Nuacht döi zweie
Nach einmool sue gesiehe kinn!

Süll döi Gelagenheit sich – Grüte –
Un wann du dich zum Kröpel schwatzt,
Fer mich im Traime wädder büte,
Do wärd dr Brüll schnall ufgesatzt.
Un drüm war schtats ich veer mich siehe,
Un ohne Brüll nich schloffe giehe!"

Zum Kingerfaste

Möi fieren hitte Kingerfast,
Sin alle raacht vergnügt
Un war do schpricht: „'s gefällt mich nich,
Dar kohlt nich blues, dar lügt.

Än schünnrn Fasttuag gätt's goor nich
Jo, duas äß obgemacht;
Än jeden Einzeln, dar mät fiert,
Fruhe's Harz im Liebe lacht.

D'r Immzoog schunt derch's ganze Derf
Mät vullr Marschmusik,
Dar gätt dam Kingerfaste glich
Duas richtige Geschick.

Klassenfoto zum Kingerfaste

De Fierwiahre gitt nabenhar,
Bricht sich baal ob de Worscht,
Geläscht wärd dann biem Schenkwärt irscht,
Un zwar dr eig'ne Dorscht.

Sust gätt's je nischt seläschen höi,
Su'n Derf duas lob ich mich;
Wann höchstens mol de Schpritzen brennt,
Wuas annrsch brennt je nich.

Uf Kingerfast wuarsch immer sue,
De Fierwiahr äß drbie
Un doderch gätt's – 's äß schiene sue,
'ne hübsche buinte Rieh.

Dann uf dn Anger uangelangt,
Manch schienes Lüd erklingt,
Duas dr Herr Rekter hät vertont
Un jedes Köind garn singt.

Eu schwingte änne Riade dann,
Döi sich gewaschen hät;
Wiahlt immer's richt'ge Thema schunt
Un rist de Hierer mät.

Dann wärd geschprungen, wärd geschpialt,
Wuas langst äß iengetrillt;
D'r ganze Anger bütt nun jetzt
Än schienes buintes Bild.

Noocht, wann duas Schpialen äß verbie,
D'r Kingertaanz gitt lues
Un alle hüpfen kritz un quar,
Do äß dr Trubel grueß.

Herr Waber arangiert dan Krom
Un sieht uf Ordnung dann,
Daß vun dan Kingen;wie se sin
Keins usgeoorte kann.

Un gitt dr Tuag zur Neige dann,
Do lei me uns ins Naast
Un treimen nun döi Nuacht drvon,
Wie schiene 's äß gewaast.

Vergräffen

Im Waltkrieg wuar dach alles rare,
Es feilt' an düssem, feilt an dam;
Sue manches mutt me drüm entbahre,
Me krächt's eu schunt vun ergendwam.

Un wamme mutt än Schlänker mache,
Vertuuschte düs – verkullte duas;
Hat me glich Schuaden bie dar Sache,
Egal – me krächt dach awer wuas.

D'r Jörge un de Annebarwe,
Se wuaren beide huechbetagt
Un meinten drüm: „Döi mutt baal schtarwe"
Wuför see nich gebangt, gezagt.

Nur eins, duas macht' ehn viale Sorgen:
Än Suarg wuar domols schlaacht sekrinn,
Drüm äß dr Schorsch am nachsten Morgen,
Zum Schrienermeister gluat geginn.

Un ohne grueßen Summs se machen,
Hät ha zwei Siarge glich beschtaalt
Es klingt zwar schnorrgt, äß fast zum Lachen,
Dach duas lott Jörgen förmlich kaalt.

Ha hät dn Schriener suat verschprochen
An Wörschten, Eiern, Butter, Schpack
Un schunt nach etwa zwei - dröi Wochen,
Do hullte ha's Noppts de Siarge wack.

Schtellt beide hübsch ins Nabenzimmer
Un Uanfangs wuarsch eu schutterig.
Se worrn zwar krank un klapprig immer,
Jedoch dr Tued kuam nich sue glich.

Zwei vulle Johr sinn nach verschträchen,
De Siarge han dorüm geschtinn;
D'r Tued äß immer usgewächen
Un hübsch in beiden rümgeginn.

's wuar zur Gewohnheit schunt geworren,
Daß see döi Siarge hatten schtieh;
Se machten oft goor ehre Schnorren
Un schließlich errt es ehn nich mieh.

Jetzt lotte Barwe Kwatschen walke
Un hät döi salben ohne Schpott,
Will see nischt Bess'res kunn ergatter,
Nun einfach in än Suarg geschott.

's Johr druf – g'nau in dr Kärmsewochen,
De Barwe bäckt gerade Bruet,
Würd Jörchen 's Laben obgeschprochen;
Am annrn Morgen äße tuet.

Se leiten ehn zur letzten Ruiwe
Schtill in än Suarg – me hielt, me schtorjt
Un Barwe schpricht: „Möi worrn dach schluiwe,
Daß möi han zietig veergesorgt.

's Begräbniß fingt dann nach dröi Tuagen
In aaltgewohnter Sitte schtatt.
De Nabberschliete, döi ehn truagen,
Döi wuinnern sich un sin ganz platt.

Daß ha sue siehr schunt runger kummen
Un deshalb fadderlichte wuar,
Dach han ses tragisch nich genummen,
Wann sees eu fungen sunderbuar.

De Barwe – eu de Erben hielten,
D'r Obschied tuat ehn allen leid;
De Musekanten han gebloosen:
„Wie fleucht dahin der Menschen Zeit."

D'r Pfarr, dar machtes werklich fiene,
Ha hät sich eu nich korzk gefaßt;
D'r Taxt dar wuar us Hiob niene
Un hät fer Jörgen blues gepaßt.

De Barwe hät dann ehren Aalen
Betruurt ohn' öwerträbnen Schmus,
Hät hübsch de Treue ehm gehaalen
Raacht wiet nach öwersch Gruab enus.

Nach ungefahr sachs – söben Wochen,
Do nimmt se sich raacht arnsthaft veer
Hozel un Diebchen mol sekochen.
Höi merkt se awer gluat 's Malleer.

Vogtöierin in alltaagstracht

Wu see dn Deckel huech genummen,
Kritt se än förchterlichen Schrack
Un äß vun Sinnen baal gekummen,
Dann momentan äß Barwe wack.

Do schtitt ehr Jörgen nach drheime,
Un ehre Hozel – denkt uch blueß –
See jammert – kann kaum nach gemeime –
Un ehre Hozel äß se lues.

Wie äß an sue wuas nur gekummen?
See krischt un gröhlt – äß ganz ergrimmt;
„Se han dn falschen Suarg genummen,
Dar wuar je dach fer mich beschtimmt!"

Wuus dann de Trager han erfuahren,
Wuarsch jedem Einzeln offenbuar,
Daß, will im Suarge Hozel wuaren,
darsalbe eu sue lichte wuar.

De Ehrensalve

Wann irscht än Krieger wuar begruaben,
Wu möi nach kleine Bengel worrn,
Beglätten ehn de Kriegskamruaden;
Uacht Mann mät Flinten gingen vorrn.

Möi Jungen worrn do bie dr Häcke,
Fer uns wuarsch jedesmol än Fast.
Un alles, wuas Beine hatte,
Hät düses Schauschpial nie verpaßt.

D'r Klampnar Lang, dar hat's Kommando,
Es ging siehr miletärisch haar.
Un wanns eu manchmol nich sue klappte,
Hats dach dn Uanschien ungefahr.

Se hatten ehre Köiwebeine
Ganz mustergültig ufgehuckt;
Un wehe dam, wann dann biem Schüßen
Nich alle egal obgedruckt.

Dach einmol, wu dr Achzenzüller
Dam än pardoutz vum Kopfe flug,
Will ehm dr Schaft vum Vörderluader
Biem Obschuß gizk vern Backen schlug.

Duas wuar sue än gefungen Frassen
Fer uns, duas hät uns Schpaß gemacht,
Daß möi, wann sich's eu nich ganz ziemte,
Han förmlich öwer luut gelacht.

Mol wuar us Nöigierte min Bruder
Eu mät min Vuater hän geginn
Un hät nun wahrend dam Begräbnis
Uandachtig naben ehm geschtinn.

Dach, wu zum Schlusse noocht wie immer
De Ihrensalve wärd gegann,
Schpricht ha ganz liese för min Vuater,
Will ha's nach nich entziffer kann:

Weshalb han an döi jetzt geschossen?
Min Vuater hierts mät knapper Nuet –
„Ach jo, schpricht ha, kann mich's gedenke,
Dar wuar gewiß nach nich ganz tuet!"

D'r nuiwe Ailterist bie dr Klingelprobe

Es wuar bishar bie uns Sitte,
Wann einr machte Hochze hitte,
Do wuar ha noochten, wie de wißt,
Im nachsten Johre Ailterist.

Zwar wuar duas känne schlämme Sache,
Än jeder Dummer kanns gemache,
Un dach schtaalt sich ganz tapplich uan
D'r junge Ihmann – Hennrichuan.

Domät ha sich nich mocht blamüre,
Wull ha es vörhaar mol probüre;
Nun, in dr Kärchen ging duas nich,
Deshalb versuchte ha's bie sich.

Ha schtäg uf's Krist in dr Schinn,
Wu gröinstrim Schöten han geschtinn.
Sucht sich än hübschen, langen Knüttel,
Dan ha verwaand als Klingelbüttel.

Nun ging ha fine uf de Rieh,
Sinn kleiner Bruder schtung drbie,
Dar sull ehm saage, ab ha's kunn,
Un ab ha richtig sich betunn.

Wu's mät ehm gitt sue ein'germoßen,
Han alle Geister ehn verloßen;
Dann, wue vorn sich Möiwe gätt,
Ha hingen plumps drnaben trätt.

Flöiht ungenus zum Pannsen nien,
Sinn Knüttel eu mät hingerdrien;
Dach Glück im Unglück wuar biesamm'n,
Ha hatte nur sue ein'ge Schramm'n.

Kärchn Peter – Paul

Dann es luag höi zum wahren Glücke
Gelockert Schtruh – eu ziamlich dücke;
Hät drüm schunt örr ha sich versinn,
Schnall wädder uf dn Bänn geschtinn.

Do kimmt sinn Wieb gerade uan
Un rüft: „Wu schteckst dann Hennrichuan,
Han's Assen uf dn Tisch geschtaalt,
Kumm gluat, Geschmink duas wäd schnall kaalt!"

Will ha nich eintwort – äß vum Schrack
Nach ziamlich dußlich un halb wack.
Do gröhlt sinn Bruder vullr Ifer:
„Ha äß jetzt nunger mank de Wieber!"

Än Musterpuar

D'r Valten gitt vum Kärchhof heime,
Mät ehm sinn Nabber Kasperuan;
Beardigt han se sinne Fraiwe
Un ha fängt drüm se jammern uan:

„Wuas me gehat hät – nun duas weiß me,
Dach wuas me kritt, duas freit sich siehr.
Un dann de Richtige se fingen,
Äß nich sue einfach – duas hält schwier!

Allein se blieben – je, duas gitt nich,
Allein in sue äm grueßen Hus;
Allein se heiraten, duas schtitt nich,
Do lachen mich de Liete us!

Kast sust dach immer Rot gegabe
Un hitte nun – do weißte nischt!"
Druf Kaspruan schpricht: „Duas wuarsch je aben!"
Wubie ha heimlich lacht un zischt.

Dach Valten, jo, ich wüßte eine,
In Siebach han ich eine schtieh;
Nich haßlich – etwa uanfangs drißig,
Eu sust sue leidlich uf dr Hieh!"

Nach änn puar Wochen, wu de Trure
Sue ein'germoßen äß verbie,
Do ginn se beide mol nach Siebach,
Schnurschtracks hän bie Martmerie.

D'r Kaspruan hät an langen Schtäweln
Sue manches Puar sich schunt verdient;
Un düsmol gitt es nach vial lichter,
Als sust gewöhnlich, wie es schient.

Korzk druf, do äß eu schunt de Hochze
Un Valten dar äß werklich fruhe,
Daß se sue friedlich un solide
Eu mät dn Mule goor nich sue.

Jo – jo, sue sinn de Wieber meistens –
Duas wuar dr Uanfang – awer noocht,
Wu see irscht warme wuar geworrn,
Do hät sen eine biegebroocht.

Ha sull känn Tropfen Schnaps mie trinke,
Nich rauche, nich ins Wärtshus gieh;
See macht' vun Tuag zu Tuag sich schtruppgter
Un Valten – dam gefuhls nich mieh.

„Wuas me gehat hät – nun duas weiß me,
Dach wuas me kritt, duas freit sich siehr
Meint Valten – ich hat glich su'n Schupper
Un hitte äß mich's doppelt schwier!"

Dann, wu se han dn Mist gezättelt,
Do hät ha endlich Mut gefaßt,
Ehr mät dn krummen Gabelschtiale
'ne ganz Gehörige verpaßt.

Se leift gluat heime bi dn Paster
Un glait damsalben nun ehr Leid:
„Nä, mät'n Mistgabelschtiale,
Duas äß dach känne Kleinigkeit!

Ich weiß je zwar, daß hän un wädder
Än Wieb eu mol derf Schläge kriehe,
Dach awer glich sue unbarmharzig
Wie ich, duas derf dach wuhl nich siehe!"

Tuagsdruf do kimmt dr Pfarr bie Valten
Un nimmt'n gründlich ins Gebat.
Dach Valten äß glich huech und schpricht druf:
„Herr Pfarr, wuas nützt dar ganze Knaat?

Ich loße mich schunt vial gefalle,
Dach einmol rißt äm de Geduild;
Se kinn dn Schnuabel eu gehaale,
Do wersch je guet – ich bän nich schuild!

Am besten wersch, wann vun uns beiden
Eins schterbe – sue han ich gedoocht –
Un ich – ich mütt am Laben bliebe,
Do wörr wahrscheinlich Ruiwe noocht!"

Allr Sesammenhang nutzt nischt

Wuas dach fer Dinge oft
Sue in dr Walt passüren,
Döi sicher jedermann
Besungersch intressüren.

Zwei klän're Buuren worrn
De Zägen öwerdrüssig,
See diskerürten drüm
Un wuaren eu schnall schlüssig:

Möi keifen änne Kuh,
Zalbzweite let sich's mache.
Jowuhl, fer zweie äß
Duas keine schlämme Sache.

Un wie geseit – getunn;
Wie see sich's veergenummen,
Sinn schnall dr Hinz un Kunz
Zu ännr Kuh gekummen.

Un nun um jeden Schriet
Vun vornrien severmeiden,
Dar schpöter kinn entschtiehe,
Do luesten se – döi beiden.

Dn Hinz wuarsch Vörderteil,
D'r Kunz dar mutt sich füge
Un will's nich annrscht ging,
Mät'n Hingerteil begnüge.

Jetzt ging dr Zauber lues,
Döi Kuh, de wull eu frasse
Un änne Kuh, döi frißt
'ne ziamlich grueße Masse.

Biem Hinz do wuar dr Schtall
Fer änne Kuh sue enge,
Drüm hät se Kunz – un Hinz
Mut dohän 's Futter bränge.

Un taglich immer mieh,
Ha denkt – wuas sall duas siehe,
Muß an de lump'ge Kuh
Sue vial sefrassen kriehe.

Duas äß de Hälfte blueß,
Un kaum nach se erschwingen;
Duas gitt je dach verdammt
Nich zu vun raachten Dingen.

Vun Butter odder Mällich,
Knäpp mich nach nischt im Liebe.
Ha kimmt zu Kunz un schpricht:
„Sue kann duas nich gebliebe!

Ich fütter immerzu
Nä, Kunz – duas äß zum Kutzen –
Un han vun unser Kuh
Nich dn geringsten Nutzen!

Mich hät's schunt langst gewormt,
Han dach bis jetzt geschwägen,
Dach duas Geschäft höi äß
Vial schlaachter, wie mät Zägen!"

Kunz äß glich ufgebroocht
Un schpricht: „Wie sull mes mache,
Mät unser Kuh duas äß
'n ganz verzwickte Sache!

Will's Vörderteil nur frißt,
Drüm mußt du schaffe 's Futter;
Un's Hingerteil macht Mist
Un läwert Mällich un Butter!

Duas Letztere duas äß,
Wie's Lues entschädt hät, minne
Un's Erscht're, wie du weißt,
Äß samt dn Schnusen dinne!"

„Do gitt dr Seier raacht,
Schpricht Hinz, su wuarsch schunt immer,
Jeder Sesammenhang,
Dar hät nach nie un nimmer

Im Laben wuas genutzt,
Han jetzt dn Schnubn krägen;
Furt mät dr albern Kuh,
Ich keif möi wädder Zägen!

Su'n Kompanjonggeschäft
Äß schtats 'ne öwle Sache;
Es süll än jeder drüm
Sinn Krom alleine mache!"

Änne Gemeinderootssitzung

Ver Johren, uf äm Nabberschderfe,
Ich weiß's se han mich grad begeint,
Do hät dr Schuilz sich mät sinn Räten
's Noppts in dr Schenke mol vereint.

Se wunn sue mancherlei beroote,
's äß vial wuas zur Debatte schtitt;
De Börger- un de Huineschtieren,
Eu, war de Bulln ins Futter kritt.

De Schtrooßen, düsse Schmerzenskinge
Sinn schlaacht – jedoch duas lübe Geild
Hät schunt dr Schulbau wackgefrassen
Un deshalb äß keins do – es feilt.

's gitt labhaft zu, duas lett sich denke,
Zumol, wu sich's um sue wuas drieht.
De Börger- un de Huineschtieren,
Döi han se körzlich irscht erhieht.

Un wu se heftig debatüren,
Kimmt eu dr Wachter sachte rien;
Setzt sich ganz schtille in de Ecken,
Un trinkt sinn Niesel Braantewien.

Ha äß duas Maachen sue fer alles,
Äß Schwiene-, Köiwe-, Gänsehärt,
Muß liete, eu de Gräbber mache,
Wann ergent war beardigt wärd.

Ha hängt sin Tuthorn an än Hooken,
Druf wie än Hachelmannchen lauscht;
Noocht morgen wärd im ganzen Derfe,
Wuas ha gehiert hät, ufgepauscht.

Do drieht sich plötzlich mol dr Schuilze,
Un wue Frieden wärd gewuahr,
Packt ehn de Wuet, schticht vull Erregung
Ehm ganz gehörig jetzt dn Schtuar:

„Hier Friede, gröhlte derch de Schtobbn,
Duas hät gerade nach gefeilt;
Krist du vielicht fersch Wärtshussitzen
Vun uns duas viale Wachtergeild?

Un alle sinn darsalben Meinung;
„Dar Karl, dar sall sinn Dünst versiehe,
Dann, wärd im Derfe jetzt geschtohlen,
War wäll dofeer noocht gruade schtiehe?"

Geloosen schpricht dr Wachter Friede:
„Ich paß' schunt uf, wann's nietig tütt;
War sall an drussen jetzt wuas muse,
Wu döi dach alle hinne sitt?!"

Än Lübesbrüf vum Westwall

D'r Schorsch dar wohnt uf dn Laane,
Ha wuar än Borsch us bess'rem Schtaane;
Marie hat sich in ehn vergafft
Un sich dn Schorschen uangeschafft.
Es wuar än ganz verlübtes Puar –
Wu alles hübsch in Ordnung wuar,
Will eu de Eltern ienverschtinn,
Äß Schorsch goor schunt ins Hus geginn.
Jetzt kuam dr Krick, nun wuarsch verbie,
D'r Schorsch wuar gluat mät an dr Rieh
Eu ohne Zaudern – ungelain,
Zur erschte glich mät iengezain.
Mariechen hät sich's noh genummen,
Se äß vun Sinnen baal gekummen;
Dach hulf's nischt – wie döi annrn alle,
Mutt see es sich loß gefalle.
Durt zwischen Mosel, Pfälzerwald,

Bruutbuar in Vogtöier Tracht

Wu's taglich feste ploutzt un knallt,
Do luag dr Schorsch – doocht nabenbie
Goor oft an sinne Bruet Marie.
Nun ging duas Brüfeschrieben lues:
Höidrinne wuar Schorsch ziamlich grueß;
Ha schräb wie einr us dr Schtuadt,
Ha schräb wie än Advokuat
Un klungs in Worten ehm sue kaalt,
Dann hät ha's bildlich doorgeschtaalt.
Ha schräb ehr glich duas erschtemol:
„Ich fühle mich soweit ganz wohl,
Nur denk ich immer viel an Dich!
Denkst Du Mariechen auch an mich?
Bist Du auch meilenweit von mir,
Ich träume jede Nacht von Dir;
In meinem Herzen ist Dein Platz,
Es grüßt Dich tausendmal – Dein Schatz!"
Un dann us Lübe un us Scherz,
Moolt ungendrunger ha än Harz;
Äß siehr geschpannt, wuas see wuhl schpricht,
Wann see duas Harz kritt zu Gesicht.
Än Willchen druf do kimmt vun Schorschen
D'r erschte Brüf vun ehrem Borschen,
See hüpft ver Freiden in de Hiehe,
D'r Oden blibt ehr förmlich schtiehe;
See freit sich öwer sinn Geschriebe
Un zättert fast am ganzen Liebe. –
Besungersch Schpaß macht ehr dar Schluß;
Dach – wuas duas höi nach siehe muß?
Duas Harz – see kann nischt drus gemache,
Baal möchte se hiele un baal lache
Un schpricht dann: „Schorsch, du minne Güte,
Wuas sall an nur dar Röttg bediete?!"

Derch Armatik zum Astronom

Christel dar sitzt in dr Schenke,
Trinkt dn fünften Armatik
Un wie immer – 's lett sich denke –
Wärd geträbbn Poletik.
Viale sitzen nach drnaben,
Döi sich guet mät ehm verschtinn

Un genau sue feste glaben,
Seilen zietig heime ginn.
Wu de Poletik zu Enge,
Kimmt än annr Thema druan;
Christel lött dn sachsten bränge
Un schnitt Himmelskunde uan.
Jeder wäll nun vial erziahle,
Dach äß fer dn Arweitsmann,
(Ha süll drüm wuas annrsch wiahle)
Höi duas vial zu huech gegann.
Dach, hät einr suat im Liebe,
Glich vial töffer fühlt un denkt
Un nun kanne mol betriebe,
Wuas ha sust nich fertig brängt.
Irscht do hann ses mät dn Schtaarn,
Mät dn Moone , mät dr Sunn,
Mät klänn un grueßen Baaren,
Mät Jupiter un Neptun.
Christel schpricht: „Kanns nich verschtiehe,
Höi war ich nie richtig kloor,
Daß de Aren sich sall driehe,
Ab duas wuhl äß werklich woor?"
Chrisjanns meint: Hull mich dr Teifel,
Wanns dach hät Kopernikus
Schunt gegleibt – dann ohne Zweifel
Ich's als Laie gleibe muß!"
„Gleibt öis dach mintwagen alle,
Dann, meint Christel, mütt beschtimmt
Jeder us dn Bette falle,
Wann's biem Driehn nach ueben kimmt!"
Kaum hät ha de letzten Worte
Usgeschprochen – Ach, herrjeh –
Kimmt zur Tör rien sinne Dorthe,
Nimmt ehm wack duas Portmannee.
Lues mät heime, 's wärd genüge,
's äß halb zweie ungefahr!"
Christel muß sich werklich füge
Un schwankt naben Dorthen har.
Daß ha nich sue ganz mie nüchter,
Hät see sich wuhl schunt gedoocht
Un, will us de Schtroßenlüchter,
Ehre Latter mät gebroocht.

Drussen tütt se feste bichte,
Will ha än im Dache hät
Un ehn faktisch heime lichte,
Wu se ehn dann schafft ins Bett.
Korzdruf hiert sen liese nöhle:
„Häll dich! Nun war schtritts dann nach!"
Noochten hiert sen luuter gröhle:
„Chrisjanns, 's schtimmt – se drieht sich dach!"
Dorthe kann sich's nich gedenke,
Wuas dar Knaatsch bediete sall,
Awer Chrisjanns in dr Schenke,
Nun, dar wüßt's uf jeden Fall.

Falsch betont

Am Wasser wohnten früher höi
Zwei guete Nabberschliete;
De Einigkeit wuar schtats gefleit
Mät vullr Harzensgüte.
Dar eine wuar än echter Buur,
Dar annr Pfarr im Orte,
Eu nabenbie nach Superteind,
Hung siehr an Gottes Worte.

Hät immer richtig vial getunn
An Ormen un an Kranken;
Im Gaben – duas wuar allbekaant,
Guabs bie ehm keine Schranken.
Nuahm Uanteil, wu ha ergent kunn,
Broocht vialen Truest im Leide;
Wuas Guetes höi un do se tunn,
Wuar sinne größte Freide.

Sinn Nabber hat ha eu bedoocht
Mät ännr kleinen Goobe
Un än Gebatbuch ehm gebroocht.
Dar seit: „Duas muß ich lobe;
Ich bän je zwar känn Lasefröind,
Me hät zu vial se schaffen;
Uns Buuren feilt drüm schtats de Ziet
In Büchern rüm se gaffen."

„Dach nahm ich's uan, un fühle mich
Drför zu Dank verbungen!
Duas Watter äß, ich gleibe wuhl,
Nach nich sue ganz gelungen;
Dach dar es macht – Herr Superteind –
Weiß immer, wie möis bruchen
Un eu min Klie, wann's werklich reint,
Schtitt lange schunt in Schtuchen!

„D'r Wöind hät furten sich gedrieht,
De Fützen schimmert grüne.
Am besten äß, me fuahren ien,
Mieh kumme nich verdüne!"
Biem drätten Worte sucht ha schtats
Uf's Watter mol se kummen,
Duas hät ehm eu dr Superteind
Ver Öwel nie genummen.

Nun, Suintuags druf do hät ha mol
Duas Buch zur Hand genummen,
Dach, wu ha's kaum hät ufgeschlain,
Do fängte uan se brummen:
„Gebet am Sonntag – sue äß racht!
Gebet am Montag – freilich!
Gebet am Diestag – eu nich schlaacht!
Döi han's je fuechtbar ielig!"

Ha hatte höi duas Wort „Gebat"
Ganz falsch betont gelasen.
Biem Buur, do macht höiröwer sust
Känn Meinsch än grueßes Wasen;
Dach düsmol hat's nich guet getunn,
Ha wuar känn Fröind vum Gaben.
Bie ehm do ging duas ganze Johr
Känn einz'ger Pfennek drnaben.

Schnall klappte zu duas nuiwe Buch
Un leit's uf's Kammbraat nädder!
„Im ganzen Laben las ich dach
In düssem Buch nich wädder!

Do sall me gabe jeden Tuag;
Duas kümmt je immer tüllr;
D'r Superteind dar kann duas wuhl,
Dar hät de Taschen füllr!

Do kümme me je sinn bischen Kroom
Ganz schwinge lues gewaare
Un unsereinr – nun dar kann
Känn Kritzer dach embahre!
Wann duas dn Superteind nich raacht,
Un wäll nach dröwer schmulle,
Dann sall ha – ich han niscdt drgein –
Duas Buch sich wädder hulle!"

Fröy – Welling un dr Schpröiskorb

Welling hat än Schpröiskorb nietig
Gitt duaswaagen bie Fritz Fröy.
Fritz dar äß suefurt erbietig:
„Häppetä – duas machen möi!
Nur muß ich de Wiete wisse,
Eu de Hiehe ungefahr,
Dann war ich glich druan mich schmisse,
Naachsten Frittuag kimmste har!"

Welling dar beschtimmt de Grieße:
Nöinzig Centimeter wiet,
Etwa huech än knappen Meter
Un dann fertig eu zur Ziet.
Darb un duurhaft musse siehe,
Daß ha eu än Puff vertreit;
Fritz – mach's guet – ich wäll jetzt giehe,
Dann du weißt nun g'nau Bescheid!"

Fröy, wie immer, goor nich fule,
Hullt sich gluat de Widden rien,
Fängt dn Korb uan, trinkt wie immer
Nabenbie sinn Braantewien.
Un schunt, örr de Ziet verflossen,
Döi se beide obgemacht,
Schtitt dr Korb do wie gegossen;
Fritz äß dröwer schtailz un lacht.

Wäll'n gluat uf de Misten bränge,
Wille ehm dn Platz verschperrt,
Dach do äß de Teer zu änge;
Fritz hät sich barwarsch geärrt.
Ha verlürt drüm nich de Ruiwe,
Welling hät's dach sue beschtimmt
Un ha denkt – jetzt biste schluiwe,
Lößten schtieh, bis daß ha kimmt.

Un eu schunt am nachsten Morgen
Kimmt min gueter Welling uan.
Fröy fängt fiene uan se schtorjen,
Schpricht: „Guck dich duas Körbchen uan;
Höiruan kamme nischt verdiene,
Uacht – nien Mark lutt dr Akkord,
Dach du kristen schunt fer sachse,
Wann dn möi bezuahlst sufort!"

Welling schpricht: „Wuas dann – i frielich,
Höi sachs Mark!" Fritz nimmt duas Geild
Un schpricht dann: „Ich muß ganz ielig
Jetzt emol in's Müllsche Feild.
Häppetä – besüch mich wädder!"
Eins, zwei, dröi – schunt ässe nus.
Welling huckt sinn Korb uf, wäll nun
Schnall drmät zur Teer erus,

Awer Kuchen – 's wäll nich giehe,
Ha hät sich ganz ufgereit,
Dach wuas nützt's? D'r Korb äß noinzig
Un de Teer knapp achtzig breit.
Welling schpricht: „Duas äß gelungen!"
Gröhlt – Fritz eintwort nich än Ton,
Äß derch's Höfchen nus verschwungen;
Heidi furt – uf un drvon.

Welling merkt – ha äß dr Dumme,
Fritz dar äß drüm usgekratzt;
Döi sachs Mark döi sieht ha nich wädder,
Wanne glich ver Arger platzt.

Wuas noocht schpöter drus entschtinn äß?
Sue freit wuhl än jeder sich –
Un wie's witter noocht geginn äß,
Duas weiß eu dr Dichter nich.

et cetera

Kunruad dar wuar sachzig Johre,
Un als Wättmann öwel druan,
Deshalb denkt ha – freist de Lore,
Hoffentlich do bißt se uan.
See wuar drißig Johre jünger,
Kunruad awer fast dn Muet
Un gitt eines Noppts mol nünger;
Lore denkt - höi gristes guet;
Loß de Liete krittisüre –
See schpricht: „Jo" un obgemacht,
Mich kann suewuas nich schinnüre,
Wann eu mancher dröwer lacht!
Kunruad, dar äß vullr Freide,
Meint – duas hät je guet geginn;
Alles glich sue hübsch im Gleise,
Örr ha salber sich versinn.
Un dann uf dn Heimewaage
Kimmt ha bie dr Pfarr verbie,
Gitte nien un wäll's gluat saage,
Dach dr Pfarr schpricht: „Konrad wie,
Was du willst die Lore freien,
Die ist viel zu jung für dich;
Nein, das ist ja fast zum Schreien,
Und geht förmlich wider'n Strich.
Es muß alles harmonieren,
Konrad, so was macht man nicht,
Möcht' dagegen appelieren!"
„Nun weshalb dann, Kunruad schpricht:
Äß dann nich bie ehn nach schünnr?
See sinn fünfensachzig Johr
Un dann ehre Köchin Berta
Fünfenzwanzig irscht segoor.
Alsue äß bedietend größer
Nach bie ehn dr Ungerschied,
Dach dr Meinsch schickt un gewiahnt sich

Schunt an alles mät dr Ziet!"
Konrad nun, was soll das heißen?
Schpricht dr Pfarr ganz ufgereit –
Möchte vor Ärger mich zerreißen,
Die Beleidigung geht zu weit!
Meine Köchin, nun die brauch ich
Doch zu diesem und zu dem:
Kochen, Backen, sie muß schließlich
Auch mal ein paar Wege geh'n.
Ferner brauch ich noch die Berta,
Um zu säubern das Quartier,
Dann zum Waschen, Näh'n et cetra!"
Kunruad lacht war weiß wie siehr –
Alsue waagen dam et cetra,
Ganz genaiwe, wie bie mich;
Wörsch nich waagen dam et cetra,
Fröit ich Loren werklich nich!"

Uf dn Bullenhannel

Dn aalen Zeng un nach zwei Mann,
Döi etwuas Bullnverschtandnis han,
Schickt unser Schuilz mol korzerhaand
Zum Bullnkeifen öwerlaand.

Se fuahren bis ins Goth'sche rien,
Ginn in verschiedne Schtälle nien,
Dach sinn se schtandig obgeprellt,
Se fingen nischt, wuas ehn gefällt.

Im nachsten Orte wädder sue,
Se draschen dauernd lieres Schtruhe;
Wu see sich richtig ümgesinn,
Sinn se zur Schenke mol geginn.

Höi sitzt dr Knaacht vum nachsten Ort,
Da hiehrts – fällt ehn sufurt ins Wort
Un schpricht: „Min Herr dar hät än schtieh,
Dan kunnte uch mol uangesieh!

Es äß än Simmentualer Pleß!"
„Daß eu duas Tier sprungfahig äß!"
„Wuas dann! Ha schtammt vum Züchter Pflock
Un schpringt – ich saag uch, wie än Bock!"

Wu jeder guet geschtärkt sich hät,
Do ginn se lues, dr Knaacht gitt mät;
Dach örr han erreicht duas Naast,
Äß's dicke Mittuag schunt gewaast.

D'r Knaacht gitt bie sim Herrn nien,
Döi dröi Vogtöier hingerdrien,
Schpringt glich in Schtall un machten lues,
Do äß's su'n Halbjohrschding blueß.

Duas Öchschen flitzt schnall öwern Mist.
Zeng schpricht: „Daß du än Blähschoof bist
Du Knaacht, duas han ich glich gesinn,
Wörr möi dach goor nich mät geginn!

Möi han dan wieten Wag gemacht,
Nun wehe dam, dar eu nach lacht!
Dar Kröpel sall schprungfahig siehe?
Me kinn de Schockschwiernuet gekriehe!"

Wuas, schpricht ganz salbstbewußt dr Knaacht;
Dar Bulle äß dach guet un raacht
Un schpringen tütte – Liete – Kinge,
Dar kinn dach goor nich sörr geschpringe!"

Hält's Mul, schpricht Zeng, sust gätts nach Senge,
Do war me dich zum Schpringen bränge!"
Un wörre nich schnall usgekratzt,
Hat ha 'ne Darbe ehm versatzt.

dr Battlar

Wöinter äs, de Flocken schtieben
Derch de enge Flucht dr Gassen.
Zugefruren sinn de Schieben,
Is sitzt druan in dicken Massen.

Drinne in dr warme Schtobben
Sitzt de Mutter un ehr Grütchen;
Dr Kanarienvail singt aben
Beiden veer än Lüdchen.

Grütchen un de Mutter schpinnen,
Ehre Rädder lustig schnorrn
Un im Ueben flackern halle
Än puar dicke Buchenknorrn.
Horch – do klopft es zweimol liese
An dr Teer – druf klopft es wädder,
Dach de Mutter öwerhiert es
Derch duas Summen beider Rädder.

Grütchen schpringt glich huech vum Schtuhle
Un gitt nus, do schtitt ehr Heinrich
An dr Teer – „Um Gottes willen
Schpricht se, duas äs mich sue peinlich;
Gieh, de Mutter äs drheime!"
„Ganz egal min süßer Engel!"
Schnall werft see de Ormen beide
Um sinn Hals – un küßt dan Bengel.

Dann gitt see zerück ins Zimmer,
Schöttelt ehren Schnöi vum Kleide;
Lett dr Mutter goor nischt merke
Vun dar unverhofften Freide.
Mutter schpricht: „'s wuar wuhl än Battlar,"
„Jo – än Battlar wuarsch – wuarschienlich
Eu än ormer Battlar, Mutter,
Dam döi Schpende werklich dienlich!"

Sag, wuas wuas häst du an geschpendet?"
„Enne Kleinigkeit nur, Mutter!"
Dobie drieht se sich, un fühlbar
Äs ehr Harzchen weich wie Butter.
Dach de Mutter salls nich merke,
Daß se wäll verlaagen waare,
Deshalb kiehrt se ehr dn Rücken
Un beschäftigt sich am Haare.

„Gäb dan Battlar nich sue richlich,
Muahnt de Mutter Grütchen wädder,
dann se kummen vial zu öftersch!"
Grütchen setzt sich schweigend nädder,
Fängt betusam uan se schpinnen,
Lett ehr Radchen lustig summe;
Denkt bie sich – sue Battlar kinnen
Nach vial öftersch gekumme.

Zwillinge

In Felchte, bie dr Schenke,
Äs jüngst än Schtreich passiert;
Höi sitzt än kleiner Bengel,
Dar sich an goor nischt kiehrt.

Ha mahrt vergnügt im Schlammper,
Äs kaum dröi Johre aalt;
Daß ha verschperrt de Schtroße,
Duas lettn förmlich kaalt.

Sinn eilster Bruder Albert,
Dar ehn behale sall,
Schpialt mät zwei größern Jungen
Gemütlich Fangeball.

Ha macht sich känne Sorgen,
Bekümmert sich nich drüm;
Ein Auto schnall uf's annr
Fiahrt in dr Ecken rüm.

Da plötzlich sust eins dichte
Bis an dan Wötzel ruan,
Dach ha blibt ruiwig kutze,
Guckt sich's gelosen uan.

Un, wie vum Blitz getroffen,
Erschrocken dr Schaffeer
Bremmst, un schpringt us dn Kuasten,
Do schtitts schunt noh drveer.

Ha rüft sin grueßen Bruder
Un laschten ins Gesicht.
„Du sollst ihn doch betreuen,
Sag, weshalb tust du's nicht?"

Es fehlte keine Haare,
Ich war schon nah heran;
Hätt' ich ihn tot gefahren,
Dann warst du schuld daran!"

Erregt heibt ha de Zweite
Dam Bengel ins Gesicht,
Do wärd darsalbe fuchtig
Un vullr Raasche schpricht:

„Mät düssen Zwillingsbrüdern,
Do mach me nich vial Schmuß,
Dann es sieht höi dr eine
G'nau wie dr annr us.

Dan kunste tuet gefuahre,
Dodrim guabs känn Krampol;
Möi han je dach drheime
Dansalben nachemol!"

dr dünstiewrige Lieter

D'r Nuachtwachter un Lieter
Im Derfe Battelschtädt,
Äs iewrig in sim Dünste,
Wie es känn zweiten gätt.
Ha macht, wuas ehm dr Schuilze
Befiahlt, wanns ergend gitt,
Eu sust äm jeden Börger
Racht garn zu Dünsten schtitt.
De Schenke äs schunt lange
Defekt, se bricht baal ien,
De Iehnwohner sinn ängstlich
Un ginn drim nich mie nien.
Wäll de Gemeine buiwe,
Jedach, duas kann se nich;
Se äs nich in dr Looge,

Angerdenkmoole

Dann Mittel han se nich.
D'r Schuilz hät oft im Scherze
's Geschpriech druf hängelenkt:
„Eins kinn uns blues gerette,
Wann 'se wörr obgesenkt;
Se äs raacht huech versichert,
Me krächten fines Gaild
Un kinnen uns gebuiwe
Dofeer noocht änne nuiwe,
D'r Schuaden wörr geheilt."
D'r Lieter denkt, na worte,
Duas wörr sue wuas fer mich –
Ich war' in allr Schtille
Des Schuilzen Wuinsch erfülle
Un keinr denkt, daß ich
Nur sue wuas kinn vullbränge,
Uf mich fällt känn Verdoocht
Un brennts, glaibt keins am Enge,
Daß ich duas han vullbroocht.
Uf Pfingsten, wu de Liete
All' in dr Kärchen sinn,
Do leifte nach dr Schenke,
Un schteckt schnall uan de Schinn.

Dann, wu ha kimmt zerücke,
Do äs de Kärchen us,
Ha schtimmt gluat, un de Liete
Verloossen's Gotteshus.
Druf setzen ien mät schtörmen
Im salbigen Moment,
Erschrocken gröhlt de Menge
Luut: „Fierejoh! Es brennt!"
Dach nergends sinn ses rauche,
Eu goor känn Fieerschien,
Se rufen zu den Lieter:
„Wuas fällt dich dann nur ein?
Wuas salls dann nur betiete,
Es brennt je dach goor nich!"
„Geduild, schpricht ha, döi Liete,
Dann brennt es awer glich!"
Un wu sen witter fraagen:
„Saag Wilm, wu brennts dan blueß?"
„Döi ward's je noocht schunt siehe,
Schpricht ha, es gitt gluat lues!"

D'r Herr Landrat verr dr Unschtrutbrücken

In äm Derfchen an dr Unschtrut
Äs de Brücken ganz defekt,
Dach se kunnse nich erneuer,
Will duas Naast in Schuilden schteckt.

Peinlich wörrsch fer de Gemeine,
Wann passürte än Malleur,
Dann se muß dach salbsverschtandlich
Hafte ganz allein drfeer.

Eu äs höi dr Unschtrutgruaben
Töffer nach, wie mancher denkt;
War do nien plumpst, äs erledigt,
Ör ehm jemand Hilfe brängt.

Deshalb hät dr Ortsveerschtieher,
Dar uf alles schtats bedoocht,
Langst schunt änne Warnungstawel
An dr Brücken uangebroocht.

Un dann, völlig se vermeiden
Jedes Unglück, eu nach hät
Ehrem Gänsehärt befohlen
Daß ha immer acht druf gätt.

Schrege vun dr Brücken nöwer
Litt dr Härt un rakelt sich;
Dach wuas ehm dr Schuilz geheißen,
Duas vergißt dr Pieter nich.

Eines Tages kimmt än Auto
Schnurschtracks uf de Brücken lues;
Wie es schient, än finkelnuiwes,
Huech modern, eu ziamlich grueß.

Schnall gröhlt ha us vullem Halse:
„Achtung, achtung!" Un ha winkt
Sue, daß ha korzk ver dr Brücken
Nach dan Karrn zum Halen zwingt.

Us dn Auto schpringt än Herr rus,
Kimmt uf Pieter zu un schpricht:
„Was erlaubt er sich für Späße,
Kennt er mich, den Landrat nicht?"

Pieter äs druf ganz erschrocken
Schpricht: - un zättert ferchterlich –
„Sue – See sinn es dr Herr Landrat,
Nun – duas wußt ich werklich nich!

Ich bewache düsse Brücken,
Schtreng befolg ich duas Verbot:
Keins derf nöwer, eu keins röwer,
Will se iensebrachen droht!

Dach will See es sinn, i frielich,
Pieter ganz bedippert schpricht:
„D'r Herr Landrat, dar derf nöwer,
Wann se glich sesammen bricht!"

Chrisjanns un Katherin uf dr Reise nach Berlin

D'r Chrisjanns un de Katherin
Wunn eu mool wuas risküre,
Hän in de Hauptschtuadt – nach Berlin
Sall ehre Reise führe.
Se schtäweln ganz biezieten lues
Im schünsten Suintuagssachen;
Es gätt, wu see derch's Derf geginn,
Wuas kräftiges selachen.
Ha hät dn Wöinterbudel uf
Un Kathrin de Kaputzen,
Daß allesamt, döi see begeint,
Duas schmucke Paarchen utzen.
See kieren sich jedach nich druan,
Marschüren ruiwig witter;
Bie Christel Himpen ginn se nien
Un trinken irscht än Litter.
Wu dann dn Buahnhof see erreicht,
Sich nach dn Zoog erkunden,
Do schpricht dr Schaffnar: „Habt noch Zeit,
Der zug fährt in drei Stunden!"
Druf ginn se in dn Woortesual
Un machen änne Zache,
Dofer muß Chrisjanns ungefahr
Zwälf guete Gröschen blache.
Dach dobie hät ha nich gemarkt,
Daß ha sich än genummen,
Dann vör sinn Aiben gröinsterimm
Äs alles wie verschwummen.
Ha hullt de Beine kräftig rus,
Domäts känn Meinsch sall siehe,
Dach wankt un schwankt ha kollesaal
Un kann kaum nach gegiehe.
D'r Zoog leift ien vun Gothe jetzt,
Schnall wälle derch de Schranken
Un schtuzelt dobie unverhofft
Dn Schaffnar in de Lanken.
Dar drieht sich gitze rüm un gröhlt:
(De Kathrin schtitt drnaben)
„Das Schubsen hier, das will ich mir
Ganz streng verbeten haben.

Und dann auch rat' ich ihnen gleich,
Die Mühe sich zu sparen;
Mit diesem Affen können sie
Doch nach Berlin nicht fahren!"
Druf Chrisjanns schpricht zur Katherin
Sue mitten im Getriebe:
„Nun hierschtes – ich hanns je eu gedoocht
Du sullst drheime bliebe!"

D'r schienheilige Kärcheneilste

Immer, wann de Glocken ruften
Un dr Suintuag kuam ins Laand,
Do ging Traugott in de Kärchen,
Hät sinn Fritzchen an dr Haand.

Gruade gein dr Keinzel nöwer
Hatte sinn beschtimmten Sitz,
Dann ha wuar biem Kärchenroote.
Naben ehn suaß schtats sinn Fritz.

Ha wuar einr vun dan Wännigen,
Dar biem Pfarr guet uangesinn,
Will ha vial hul uf de Kärchen,
Un äs fließig nien geginn.

Eines Suintuags, korzk ver Pfingsten,
Wu Missionsfast wuar im Ort,
Suaß eu Fritzchen bie sim Vuater,
Wuar geschpannt uf jedes Wort.

Siehr geweckt schunt fer sinn Ahlr;
Horchte ha wuas dr Pastor seit;
Hat ha wuas nich ganz begräffen,
Wuar sinn Vuater usgefreit.

Düsmol wuarsch besungersch schpannend,
Dann än Missionar schpruach nun
Un erzahlte, wuas ha alles
Hat erlabt in Kamerun.

Wie ha durt bekiehrt de Heiden,
Echte Christen drus gemacht,
Daß se verhar alle Wissen
Unbarmharzig obgeschlacht.

Eu, daß durt 'ne sulche Hitze,
Alle lüfen nackjt dorüm
Odder hatten uanschtandshalber
Blueß än ruhes Fallchen üm.

Wue mät dr Predgt zu Enge
Seite nach im arnsten Ton:
„Jeder süll nun richlich schpende,
Ungerschtütze de Mission.

Dann fer duas, wuas höi geopfert,
Göbs än huinrtfält'ger Luhn;
Dar wörr jeden uangerachent
Schpöter mol am Himmelsthrun.

Eu, daß dr Bekiehrung harrten
Nach 'ne riesig grueße Zuahl!"
Druf erschallte vum Musikchur
Derch de Kärchen än Chorual.

Un de Adjevanten sungen,
Han de Harzen raacht erweicht ;
Dobie wuar dr Klingelbüttel
Vun Ailtristen rümgereicht.

Einr kuam eu bie sinn Vuater;
Fritzchen hatte Owacht druf;
Paßte, ha verwaand kän Aiwe –
Wie än Hachelmannchen uf.

In dr Kärchen wuare schtille,
Hät do nich än Ton geseit;
Awer uf dn Heimwartswaage
Dann sinn Vuater usgefreit:

„Vuater, wie wuarsch mät dan Heiden,
Han döi eu Hosen uan?"
„Gottbewahre, bie dar Hitze,
Fritz – döi denken goor nich druan!"

„Nun – ich doocht's blueß, meinte Fritzchen:
(Seit's sue liese wie ha kunn)
Will du in dn Klingelbüttel
Häst än Hosenknupf getunn!"

Mutter und Kinge im Zoologischen Goorten

Heinrich un Mariechen wuaren
Mät dr Mutter in Berlin.
„In dn Zoolog'schen Goorten
Gimme awer eu mol nien!"
Seit de Mutter – un de Kinge
Wuaren beide ienverschtinn,
Dann drheime, uf dn Derfe,
Do guabs sue wuas nich sesinn.

Irscht bewuinern se de Schlangen,
Döi sün ziamlich grußlich us;
Dann de Affen, Löbn, Tiger,
Elefanten, Känguruhs,
Panther, Zebras, Leoparden,
Wülfe, Baren grueßen, klänn;
Wu se alles han beschnankert,
Ginn se zu dn Vialn hän.

Höi äs alles schtark vertraten:
Uadler, Zuhnkünk, Papegei,
Eilster, Ruaben, Finken, Drosseln,
Möven, Bussards vialrlei.
Laarchen, Schwalben, Amseln, Schtuaren,
Eu än Schtrußenpuar drbie;
Massenhaft vertraten wuaren
Schtörche, änne ganze Rieh.

Heinrich wuar mät einmol schüchtern,
Wogte sich nich dichte ruan
Un suag sich de Klapperschtöche

Ängstlich nur vun Wieten uan.
Dach Mariechen vial beharzter,
Rüft dn Bruder zu un zischt:
„Heinrich, sick ach nur nich ängstlich,
Mann'rn tütt dr Schtork nischt!"

Än kleines Mißverschtandnis

Ver sachzig Johren ungefahr,
Do kuam baal alle Tuage har
'ne Fraiwe vun Heyerode.
Se wuar siehr grueß, trotzdam gewaandt
Un vun ehr äß bie uns bekaant
Nach manche Episode.

Vun ehren beiden Töchtern hät
See vial erzahlt: „De Liesebeth
Daas äs än ruhig Meichen;
Es äs nach ledig, awer drüm
Kükt sich's nach goor kän Borschen üm,
Daas äs än gutes Zeichen!

Es äs nett ganz wie ich so grüß,
Äs siehr moralisch, hät waas lüs;
Kann schtolz uf see gesiehe.
Kimmt ehr än Borsch mol in de Quar,
Do macht se goor kän langen Gaar,
Se lettn einfach stiehe!

Min Gretchen dann äs siehr gescheit,
Es hät je zwar schunt langst gefreit,
Es dach nach kingerlöse.
Döi Wieber kükt me goor nett aan,
Döi bie uns keine Kinger han;
Daas äs üch furchtbar böse.

Ich baat de hei'ge Angnees drüm:
„Siek dich mol nach min Gretchen üm;
Tu ehr än Kind besorge."
Än ganzes liebes Johr wuar hän,
Dach vun äm Kindchen nischt sesänn,
Geschweige vun äm Schtorche!

Dach eines Oppts, wu ich allhei
Mol heime kumm us dr Vogtei,
Do hör ich sö waas schreie.
Ich denke – jetzt äs waas bescheert,
De heil'ge Angnees hät erhört
Min Baaten – tat mich freie!

Dach, wu ich nien trat in daas Hüs,
Waar minne ganze Freide üs;
Än Kind lag zwar im Bettchen.
Es hat än kugelrund Gesicht,
Dach denk üch nur – dar kleine Wicht
Waar gar nett vun min Gretchen.

De heil'ge Angnees hat erhört
Min Baaten, awer wühl verkehrt,
Dr Liesbeth waar daas Kleine.
Druf soht ich glich: „Waas fang me an,
Die hät je dach nach goor kän Mann!"
Ich mut ver Schracken weine.

Dach faßte ich mich in Geduld,
Dann ich waar salber nett draan schuld;
Es hat sö sin Bewandnis. –
Uns allen waarsch je boole klar,
Daß vun dr heil'gen Angnees war
Än kleines Mißverschtandnis!"

D'r kleine Citero un de besorgte Grueßmutter

Wu einst vun Müllhusen nach Träwert
Gebuiht äs worrn de Isenbuahn,
Do wuaren vialc Italiänr
Als Arweiter beschäftigt druan.

Se luagen in Privatquartüren,
D'r eine höi, dr annr do,
Eu bie Luischen luag än sulcher
Raacht schwarz gelockt – huß Citero.

Luise wuar än hübsches Maachen,
Zudamol tousend Wochen aalt;
In Lübessachen un darglichen
Hät see sich niemols dumm geschtaalt.

Se hatte Zöpfe wie än Ormen,
D'r Wuchs, de Haltung, alles guet;
N'ne Schtimme wie än Heidelaarchen,
Un än Gesicht, wie Mälich un Bluet.

De Aiben bleiwe wie dr Himmel,
Schtats immer fröindlich, ungetrübt
Un deshalb hat sich 's wuar kän Wuiner,
D'r Citero in see verlübt.

Ha wuar etwuas zegienrmaßig,
Wie alle Italiänr sinn;
Am linken Uhr än gaildes Reifchen,
Wuas ehm ganz fiene hät geschtinn.

Dach siehr verwaagen mät dn Masser,
Wuas locker in dr Scheiden suaß;
Wu's wuas se raufen guab un schtachen,
Ha immer sich ganz schnall verguaß.

Sust ferchten sich de Maachen immer
Ver jede Kanker, jede Muus,
Jedach ver sulche Mordgesellen,
Do rißen se verdammt nich us.

Genau sue wuarsch eu mät Luisen,
Se schreckte nich ver ehm zerück,
Wann ha eu wuar etwuas verwoogen
Un ziamlich gruselig sinn Blick.

's Noppts suasse ungern Apfelbaime
Un sunk än italiänsches Lüd,
Un dar Gesank, dar hat Luisen
Bezaubert ganz Harz un Gemüt.

Korzk druf, do suasse schunt drnaben,
Eins dach verschtunk duas annr nich,
Ha schmuste blueß, seit „Cara Lisa!"
Un schließlich do verschtungn see sich.

D'r Apfelbaim wuar wiß vun Blüten,
De Bluet korzk druf im Höfchen luag
Un dann fung uan de Frucht setrieben,
Se träb un wuchs vun Tuag zu Tuag.

De Isenbuahne wuar nun fertig,
De Italiänr fuhrn zerück.
Eu Citero wuar mät verschwungen;
Luischen truaf än Mißgeschick. –

Än hübsches, niedliches Gedenken
Lot Citero dn Luischen höi
Un ehre Mutter awer machte
Tuagtaglich nun än grueß Geschröi.

Se schräbbn an dn Citro Brüfe,
Jedach es feilte jede Schpur
Un all döi Brüfe, döi se schuckten,
Se kuamen usnohmlues retur.

Do, wu dr Apfelbaim noch blöite,
Hät Mutterchen nich hän gegguckt;
Nun, wu de Äpfel linn im Korbe,
Wärd schwadroniert un ufgemuckt.

Es hat sich namlich eines Taages
Än kleinr Citero iengeschtaalt;
Mät kesselschwarzen Lockenhooren,
Duas hatten se nich mätgezahlt.

D'r Paster wull de Mutter trieste:
„Auch dieses wird vorüber geh'n!"
„Jo, See Herr Paster han guet riaden,
Un ich macht eu kän grueß Geschtöhn,

Dann 's äs sue, wu er dröie assen,
Do waren noocht eu vüre suat;
Jedach, Herr Paster, minne Sorge
Döi schtitt uf än ganz annrn Bluat!"

Un dobie hüült'se Rotz un Wasser:
„Nä, sue wuas, 's äs dr reine Hohn;
Ich hieres schunt an sim Geblääke:
D'r richt'ge italiänsche Ton.

Un wann ich jetzt schunt druan denke,
Do lüffe ich am lübsten furt,
Dann, fängt dar Worm noocht uan seschwatzen
Verschtimme nich än einzig Wort!

Vogtöier Bimmelbuahne

Pfarrbesuch in Langel

Es wuar än nuiwer Pfarr gekummen
Nach Langel – 's äs schunt lange har;
Wu ha sin Ihnzoog hatt genummen,
Un will duas schtats sue mode wuar,
Do ging ha lues mät dr Frei Pastern,
Besucht de Liete Hus fer Hus;
Domät sen sullen lüb gewinne,
Do machte schtats än hübschen Schmus.

Un will's de Liete schtandig wußten,
Daß see nun wörrn an dr Rieh,
Wuar immer fine ufgeplänkert,
's mutt alles hübsch im Schusse sieh'.
Jetzt sinn se in dr Engegassen,
De Barwe schtitt schunt in dr Teer;
Heißt beide harzlich glich willkummen
Un schtällt sich uanschtandshalber veer.

D'r Hussern sauber, wie de Schtobbn,
De Dialen goor mät Sand geschiert,
Än grueßer Schtruß schtitt uf dn Tische
Un alles sue, wie sich's gehiert.
Dröi Jungen hübsch im Suintuagsschtaate,
Geschniest, geflaust, un ufgeputzt
Döi sitzen uf dn Kanepee,
Han immer gruade usgeklotzt.

„Nun – Pastersch, schpricht de Barwe fröindlich,
Höi nahm'n se Platz, beschtuhln se sich;
Daß see uns eu emol besüchen,
Duas freit uns werklich königlich.
Dach wäll ich schnall min Mann rien rufe,
Daß dar see eu begrüsse kann
Un dann, do derf ha dach eu wisse,
Wuas möi jetzt ferr än Pfarrn han!"

Kaum äs se nus, schpricht de Frei Pastern:
„Ihr Jungen steigt vom Sopha auf;
Wißt ihr nicht, was der Anstand lehret?
Hier setzt sich der Besuch darauf!"
„Nä, duas hät Mutter schtreng verbottn,
D'r Ailste schpricht, möi schtinn nich uf,
D'r Öwerzoog äs ganz zerrässen,
's sitzt jeder uf äm Loche druf!"

D'r kleine Bang un de Flägel

Dröi Bängel, ziamlich jugendlich,
Döi rakelten im Gruase sich,
Im Schatten unger Beimen.

„Höi meinte Friede, wu möi linn,
Hät einst än grueßes Derf geschtinn;
Es naant sich Husserode!"

„Ach wu, sue äs duas nich gewaast,
Seit Valten, 's wuar än kleines Naast
Un hät mie rachts geleien!"
„Eu duas, schpricht Fritz, äs nach verkiehrt,
Ich han's ganz annrsch gehiert;
Es luag ganz noh verm Hailze!"

Wu see sich schtrieten kritz un quar,
Do kimmt dr kleine Bang dohar
Mät sinnr Haarde Schoofe.
Jetzt han see sich sebaal geseit:
„Dar weiß in düsem Krom Bescheid,
Dan war me gluad mol fraage."

Ha kimmt un schpricht: "Kritzsapperluet,
Döi schlott wuhl höi de Taage tuet,
Wuas hat döi an seschtrieten?"
Dann, wu ses ehm han kloor gemacht,
Do schprichte: „Börscherchen gatt acht!"
Un schtützt sich uf de Schuffel.

„Nun guckt uch mol än Linschen üm,
Fünf Orte luagen kröinsterüm,
Wuvoon ich kann berichte.
Derf Kogel öwern Kaischprung glich,
Mie südlich nuf, am salben Schtrich,
Do luag noocht Germerode!"

Vun Ebendorl us gesinn,
Schtracks westlich, hät än Ort geschtinn,
Phulrode huß darsalbe.
Wie uns vun jehaar äs bekaant,
Do hat dar knapp söbn Hufen Laand,
Dach Kogel hatter niene!

Un an Phulrode nördlich druan,
Schloß sich noocht Wetzelrode uan;
's ging bis zur Müllschen Greinze.

D'r fünfte Ort luag unbedingt
Höi, wu döi grade uch befingt,
Un dar huß Husserode!

Düs wuar än Marktplatz ganzegoor
Un deshalb, duas äs allen kloor,
D'r größte vun dan fünfen!"
„Döi schpruacht do furt vun Hufen Laand,
Dar Usdruck äs uns unbekaant,
Meint Fritz, wuas äs 'ne Hufen?"

Druf knüpfte zu sinn Schaferfrack
Un seit: „Döi sitt än dummes Pack;
Duas mitte eintlich wisse.
Zahn Hektar, vörzig Morgen blues
Wuar immer eine Hufen grueß;
Duas merkt uch mol de Lappsche!

Nun gitt, 's gätt Arweit jetzt genung,
Döi sitt nach alle dröie jung,
War wäll do müßig siehe,
Un grade in dr tüllsten Ziet,
Wu emsig schufften alle Liet
Höirüm im Gruase liehe?"

Se lachten us dan aalen Mann –
„Wuhl dam, dar sich's geleiste kann;
Gitt, hütt nur uiwer Schüpsen!"
Im Furtginn do schprichte: „Dunnrschtuag,
Döi wörd me sue dr raachte Schluag;
Dach eins wäll ich nach saage:

„Höi wu döi litt, do hät geschtinn,
Ganz sicher domols änne Schinn,
Vum Derfe Husserode.
Wuas ich uch saage, duas äs woor
Un wärd eu schtimme fast uf's Hoor,
Duas kann ich uch bewiese!"

„Nun duas äs irscht, meint doruf Fritz,
Vun allem nach dr schünste Witz,
Dar drufdrückt nun dn Sägel!"

Höiruf schpricht Schafer Bang: „Wüßt dann,
Wurus ich duas geschlüße kann?
„Höi linn dach nach de Flägel!"

Nabber Fatt un sin Ruetkahlchen

War än Naturfröind äs, dar äs
Eu schtats än Fröind vun Veilen;
Dn meisten Schpaß macht's Ruetkahlchen,
Wuas drulligeres fingt me seilen.
Un war sinn Schpaß am Singen hät,
  Duas wäll ich glich erwiahne,
Fängt sich bieziet, im Fröijohr eins,
Dann duas sinn meistens Hiahne.
Possörlicher, wie's Hahnchen sinn
Dach immerhin de Wiebsen,
Wann döi eu nich gesinge kunn
Un blues än linschen piepsen.
Me schperrt se eu nich in dn Buur,
Me muß se flöihe loße,
Döi waren sue intim un körr,
Wun goor nich uf de Schtroße.
Än Nochteil hätt's natürlich eu,
De Fraßlust wärd nich alle,
Noocht loßen se, wuas logisch äs,
Mol höi un do wuas falle.
Min Nabber Fatt hat eu su'n Vail,
Hat Schpaß druan un Intrasse,
Lott keine Katzen in de Schtobbn,
Eu Kanker dorft's nich frasse.
Dach sin'r Fraiwe paßtes nich,
Döi schumpft un ressenierte,
Dach ha hul beide Hänge druf
Un sich nich doruan kiehrte.
Mol sitzen se am Mittuagstisch,
Verschpachteln Kumst un Diebchen,
Prr, prr sitzt uf dn Schüsselraand
Duas kleine Ruetkahlwiebchen.
Un örrsche beide sich versinn,
Do lett's eu schunt wuas falle;
Natürlich wärd jetzt de Geduild
Bie sinnr Fraiwe alle.

Ha macht sich zwar nich vial dodrus;
See rückt gluat in de Ecken,
Ha läffelt schnall duas Kleckschen rus
Un macht's in's Huinebecken.
Ißt witter – schpricht geloosen dann:
„Du kast än Summs gemache,
Vun sue äm Vailchen – nun duas äs
Dach keine schlämme Sache!"
Jo, galle – schpricht see, duas hätt's Raacht
Sue Schwieneröi se machen;
Wörr ich's mintwaagen jetzt gewaast,
Ich hatte nischt selachen!"

dr raachte Balwür
frei nach Chamisso in Vogteier Mundart übersetzt

Un sall ich nach Philisteroort
Min Kinn un Backen putze,
Do wäll ich dach min langen Boort
Dn letzten Tuag nach nutze.
Jo, argerlich, wie ich nun bän,
Sall fer min Groll un fer min Kinn
Goor mancher nach erzätter!

Holla! Herr Wärt, min Guhl brängt furt!
Ehm wärd dr Hawer frumme.
Gätt's dann Balwüre höi im Ort?
Lott gluat dn besten kumme.
Faildien, faildus, ich rätt un schprunk,
Ich traabte kritz un quar un funk
Dach nergends nach dn Raachten!

Trätt har, Balwür, hier min Bericht,
Noocht fängste uan se kratzen;
Dach kitzlich siehr äs min Gesicht;
Ich zuahle huinrt Batzen.
Machst du dach nich de Sache guet,
Un's flüßt än einzig Tröpfchen Bluet,
Fiahrt dich min Dolch in's Harze!

Duas schpitzke, kaale Isen suag
Ha uf dn Tische blitze;
Un glich drnaben, wu duas luag,
Im hälzern Sassel sitze
Dan grimm'gen, schwarzbehoorten Mann,
Im schwarzen, korzken Wamms, wuruan
Nach schwarze Klunker hungen.

D'r Meister vullr Zuversicht
Fängt's Masser uan sewätzen;
Ha sieht dn Dolch, ha sieht's Gesicht,
Schnall packt ehn duas Entsätzen.
Ha zättert jetzt wie Aspenlaib
Un macht sich schwinge us dn Schtaib;
Schickt har nun sinn Gesellen.

Kumm, höi verdühnste schnall din Bruet,
Ich zuahle huinrt Batzen.
Dach merk dich eins: „Ich schtach' dich tuet,
Falls du mich bie dam Kratzen
Nur änne Kleinigkeit verletzt!"
„Wuas? Nä uf's Geild verzicht ich jetzt!"
Ha gitt, un schickt dn Jungen.

Bist du dr Raachte, kleinr Molch,
Dann lues! Mach arnste Miene.
Guck – höi litt's Geild un höi dr Dolch,
Kast beides dich verdiene!
Dach schnittste mich än linschen blueß,
Versetz' ich dich dn Gnodenschtueß.
Bist warrlich nich dr Erschte!"

D'r jung schunt nach dam Geile guckt
Un krinnst – rüft dann verwaagen:
„Jetzt schtill' gesassen, nich gemuckt,
Gott gab uch Herr sinn Saagen!"
Ha seiftn ien ganz unverdutzt;
Ha wätzt un schtutzt, ha kratzt un putzt:
„Gottlob – dr Boort äs runger!"

Nimm, kleinr Schtift, 's Geild unschinürt:
Du bist än wahrer Töifel!
Känn annr hatte duas risküort,
Du wuarscht ganz ohne Zweifel.
Dach kuam än Tröpfchen Bluet gerunn,
Do hat ich, wie geseit, getunn
Un schtuach dich einfach nädder!"

„Nä – gueter Herr, dr Kleine schpricht,
Duas kunn niemols gekumme;
Verzugt döi ergentwie 's Gesicht,
Do wuar ich nich dr Dumme;
Schnall, örr döis salber uch versinn,
Do wuar, wuas ich geplant, geschinn;
De Kahlen uch derchschnätten!"

Sue, sue än ganz verwöinschter Schpaß!"
Dam Herrn wuarsch unbehaglich;
Ha wuar mät einmol lichenblaß
Un zätterte noochtraglich.
Du Jung häst werklich vial gewoogt,
Nä – dodruan hat ich nich gedoocht;
Ich wäll mich's awer merke!"

dr Schmiad als Kurfuscher

Bie Christel Bangen wuar emol
De schünste Kuh erkrankt,
Do hannse Jörchen, ehren Schmiad
Zu Hilfe schnall gelangt.
Ha schtunk zu Dünsten jederzeit,
Wuar immer flink zur Haand;
Im ganzen Derfe hansen drim
Schorsch Türorzt nur genaant.
Ha bilde sich nich wenek druf ien,
Wuar schtailz uf sinne Kunst;
Meist machte ha dn Lieten veer
Än Haifen bleiben Dunst.
Eu düsmol suchte hän un har
An Christeln sinnr Kuh,
Funk dach trotz allr Pfiffigkeit
Känn Faihlr ergendwuh.

Ha horchte in dr Lanken mol,
Ha horchte an dr Brust,
Schtaalt feste, ab de Hörner kaalt,
Eu, ab se ankt un hust.
Dann wu ha nischt gefinge kunn,
Do rufte Christeln zu:
„Kumm har un trät än Aibenblick
Mol hinger dinne Kuh;
Hiab huech dn Schwanz, guck hingen derch!"
Vern Kopf schtaalt sich dr Schmiad,
Räß wiet dr Kuh dn Schnuußen uf,
Grad' wie än Kobenliad.
Dann gröhlte: „Christel, siehste an mich?"
„Nä Schmiad! Bist wuhl verneilt?
Ich siehe dich wahrhaftig nich!"
„Nun weiß ich, wuas ehr feilt!
Schpricht druf dr Schmiad ganz salbstbewußt,
Wie suewuas nur entschtinn?
Döi Kuh muß Darmverschlingung hua,
Sust hast du mich gesinn!"

Dokter Pillrmann un sinne Kunst

Rachenbach wuar schtark erkullt,
Ganz bedenklich krank,
Fest' im Bette luage drim
Nun schunt wochenlang.
Alles hatten se versucht,
Wuas es ergend guab;
Jeder Dokter seit, daß ha
Riffe werr försch Gruab.
Mol besücht dn Rachenbach
Sin Gevatter Grueß
Un dar merkt, daß mät ehm äs
Goor nich vial mie lues.
Deshalb schprichte ferr sin Fröind:
„Hier mich uan Johann,
Hult ach mol us Larchendorf
Dokter Pillrmann.
Duas äs än geschöiter Orzt,
Dar macht dich gesuind,
Ha hilft jedem, dar schunt äs

Ganzlich uf dn Huind.
Alle, döi halb sin tuet,
Schtällte wädder har;
Häst an körzlich nischt gehiert
Vun dar Wuinemahr,
Alles hät drvoon geschwatzt,
Will dar Pillrmann
Mät sin Kranken sue verfiahrt,
Wie's kän Zweiter kann.
Namlich – durt in Larchendorf
Äs än Mann erkrankt,
Do han se dn Pillrmann
Schnall ambie gelangt.
Schuade, wu dr Dokter kimmt
Un trätt in duas Hus,
Do äs bie dam Kranken schunt
's Labenslüchtchen us.
Ha gitt awer trotzdam nien,
Trätt an's Tuetenbett
Un hät mät dam Lichenahm
Lange nach geräd't.
Eine halbe Schtuine fast,
Duas äs dach de Hieh';
Sue än klugen Dokter gätt's
Wiet un breit nich mieh!"
Rachenbach äs allehän
Öwer düssen Mann,
Dar sich nach mät Tueten goor
Ungerhale kann.
„Un wuas guab dar Tuete uan?"
Ha nöigierig freit:
„Nun Gevatter - nich än Wort –
Nischt hät dar geseit!"

dr unsefriad'ne un mißgünstige Buur

Es wohnt än Buur einst in Mächterschtädt,
Ich weiß nich mie, wie ha geheißen hät,
Dar wuar in dr Regel siehr unzefriaden
Un hatte meist immer erbarmliche Riaden.
Fritz Kiehmschtädt, dar hätt'n eu gnaiwe gekaant,
Wust, dasse hat öftersch sin Schnuabel verbraant.

Do Kiehmschtädt druf schtuarb, un biem Pietrus
sich schtaallt,
Hät ha ehm eu glich vun dam Buuren erzahlt.
Un Pietrus dar hätt's noocht dn Herrgott geseit,
Dar hät sich in Ruiwe dan Krom öwerleit.
Korzk druf siehte Pietrussen müßig rimschtiehe,
Do schprichte: „Du kaste mol nunger gegiehe
Bie düssen, vun Kiehmschtädt geschilderten Buuren,
Versichst es ganz heimlich ehn irscht sebeluuren,
Dann freisten mol, wuas ha sekeiwern hät;
Siek zu, ab sich mät ehm wuas uanfange lett.
Versich's nur in Güte ehn seöwerriaden,
Un noochten do schtäll möi ehn sicher sefriaden!"
Wu Pietrus druf nunger nach Mächterschtädt kimmt,
D'r Buur ehn suefurt in de Pelzwäsche nimmt:
Daß immer duas Wetter ehm goor nich wörr raacht,
Im Feile schtink deshalb eu alles sue schlaacht.
Sankt Pietrus dar schtricht sich sin isgraiben Boort,
Un schpricht dann nach ruiwiger, himmlischer Oort:
„D'r Herrgott, dar weiß schunt, wuas richtig ferr dich,
Daß ha es schtats guet meint, duas schtriete mol nich;
Möi wunn uns än Willchen nich mät dich quiale,
Un du sast duas Watter dich salber jetzt wiale;
Nun machste dich sue, wie des garn hua wißt,
Dach uns noochten nischt in de Schuhne mie gißt!"
Duas kuam unsen Buuren sue fine gelein,
Zuerschte beschtaalte än fruchtbaren Rein.
Korn, Weißen un Garschen ging schnall in de Hiehe,
Ha kunn sinne Fraide druan taglich gesiehe.
Noocht hät ha dn herrlichsten Sunnschien gemacht,
Un alles gedöihte, es wuar änne Pracht.
Ha hatte wahrhaftig än schienes Geschick,
Un in sinnr Wärtschaft, do blöihte jetzt's Glück.
Nachdam sue verflossen verschiedene Wochen,
Hät wädder dr Herrgott mät Pietrus geschprochen;
Ha seit ehm: „Kast wädder mol nunger geklatter,
Gehorche, wie's schtitt mät dam Buur un sim Watter!"
Sankt Pietrus dar hät sich nich lange besunn,
Un gluat unserm Herrgott dn Willn getunn.
Dn Erzengel Gabriel hätte gebaten,
Ehn wahrend dr Obwasenheit severtraten;
Es schnall an de Himmelslätter geginn,

Hät korzk druf biem Buur uf dr Misten geschtinn.
Un hät'n ganz fröindlich gefreid, wie es schting,
Ab alles bie ehm jetzt wuinschgemaß ging?
Do hät sich dr Buur geschuilrt, geruckt
Un schpricht dann: „Nä Pietrus, döi süllte mich kumme,
Ich mache höi's Watter, un bän nooch dr Dumme;
Döi annrn krin Körner, krin Haiwe un Klie,
Sue vial wie ich salber, mätunger nach mie.
Ich sall damnooch sorge ferr all' uf dr Rieh,
Un han aber extra kän Vorteil drbie;
Ich wäll'n wuas prooste, hann's einmol prowürt!"
Im Furtginn schpricht Pietrus: „Dan hamme korürt!"

Änne polnische Arweiterfraiwe uf dn Fickelmarte

Uf dn Mart nach Schloten kimmt
Eine Polin, rennt un schpringt
Mang dn Fickelkörben rimm,
Duas gewöinschte dach nich fingt.

In dn erschten Korbe döi
Sin sue kleine un sue schtruppjt;
Döi im zweiten Korbe dann
Vial sue drackcht un ziamlich ruppcht.

Dach im nachsten awer noocht
Fickel, wie än Düftchen blank,
Schlappche Uhren, Schweinze krummb,
Guet geniahrt un fine lang.

Glich wärd eu dr Buur gewuahr,
Daß se ehren Schpaß druan hät;
Schnall prießt ha ehr uan än Puar
Un dann fröie Uswuahl gätt.

Ha hiabt's allr Größte huech,
Rühmt un lobt's, sue siehr ha kann.
„Will ich doch nicht Schwein wie ich,
Will ich Schwein, so wie mein Mann!"

Schpricht de Polin un winkt ob;
Dach dr Buur äs ganz entzückt,
Weiß nich, wuas se domät meint;
Denkt – döi äs beschtimmt verrückt.

Dach se wädderhullt dan Wuinsch,
Wergt drzwischen rüm un sücht;
Wu dr Buur raacht obacht gätt,
Gitt'n endlich uf än Lücht.

Ha merkt nun irscht, wuas se wäll,
Liast's ehr förmlich vum Gesicht;
Prießt ehr nun än Borkschwien uan,
Un dr Hannel äs geschlicht.

Alles krönstrim lacht un schuucht.
„Endlich richtig, schpricht se dann,
Das ist Schwein, wie ich gesucht
Das ist Schwein, so wie mein Mann!"

Schpällschtobbn

D'r Superteind, Michel un dr Schwienehärt

D'r aale Brand, dr Superteind
Gitt eines Taags schpazüre,

Do wärd ehn düsmol eu sin Wag
Uf's nächste Derfchen führe.

Ha schritt gedanklich derch de Flur
Un schtorjt mät allen Lieten;
Goor viale kennen ehn eu schunt,
Begrüssen ehn vun Wieten.

Ha äs geschpriechig, goor nich schtailz,
Schtammt us dn Buurenschtaane.
Sinn Vuater hat eu Land un Hailz
Un wohnte uf dn Laane.

Als Buurenjung äs ha erzain,
Duas lett sich nich verschteckel;
Ehm zur Gesellschaft nabenhar
Leift schtats sin schwarzer Teckel.

Do kimmt ehm plötzlich in dn Worf
D'r Michel mät dr Loore,
Ha kennt se glich, dann ha hät se
Getraut im veer'gen Johre.

D'r Michel äs än Vogelfröind,
Hät 'ne Kanarienhecke
Un hat zu sinnr Hochze wullt
Wuas Extraes rus schtecke.

Dn Superteinden drim geschankt
Än Hahnchen samt dn Buure
Un dodrim macht dar, will's sue paßt,
Dn Michel jetzt de Kuure.

Un schpricht: „Mein lieber Michel hör',
Dein Hahn, der tat versagen;
Er hat, ich schwör's bei meiner Ehr'
Nicht einmal noch geschlagen.

Ich gab mir Müh', doch schlug er nie,
Darauf wollt' ich es erzwingen,
Auch dies half nichts, ich werde drum
Den Hahn dir wieder bringen!"

D'r Michel guckt de Lore uan,
Es zuckt ehm derch de Glädder;
Dann faßte Mut un tütt höidruf
Dn Superteind erwädder:

„Mät Looren, döi see mich vermählt,
Han See mich eu betrain,
Döi schlett vial mie, wie schiene äs,
Hat taaglich fast geschlain.

Herr Superteid, jetzt simme quitt!"
De loore schielt nach Micheln.
D'r Superteid schpricht: „Bello komm,
Man fängt hier an zu sticheln!"

Druf gitte an dr Trifft entlang
Un an dr Krizung ungen,
Wu scheib dr Wag nach links ienbeit,
Do schtuste uf än Jungen.

„Grüß Gott, mein Sohn! Die Weide gut?"
Es dankt un nickt dar Kleine.
„Das ist ja allerhand von dir,
Du hütest schon die Schweine?!

Wie viele sind es an der Zahl,
Die du mußt täglich hüten,
Wie lohnt man dich, sag mirs einmal,
Wie tut man dir's vergüten?"

„Min Herr, genau vörzig Schwiene sinns,
Doför krie ich zahn Tualer
Un döi Besitzer ubendrien
Sin bumm'liche Bezuahler!"

Druf schpricht dr Superteind: „Ich bin
Auch Hirte, zwar in Halle,
Bekomme tausend Taler doch!"
„Duas los ich möi gefalle,

Erwäddert druf dr Härtenjung
Mät lacherlicher Miene,

In sue 'ner Schtuadt, duas gleib ich schunt,
Do gätts eu vial mie Schwiene!"

D'r Superteind schpricht: „Bello! Komm,
Heut' lohnte sich's der Mühe!"
Un hät sich keinmol wädder loß
In jener Geinde siehe.

Dr Hünnrschport

Schtark blöid dr Schport in jedem Ort
Jetzt do, wu Meinschen wohnen;
Se trieben hittzutage Schport
In allen Varationen.
Höi Schwimmen, Ski un Fußballschpial,
Durt Schpringen, Boxen, Rieten;
D'r Uanzeiger dar schriebt höivon
Oft ein – zwei vulle Sieten.

Eu dr Geflügelzuchtverein,
Triebt Schport in richem Moße;
Bie waam dar Schtieks irscht feste sitzt,
Dar kann's noocht nich geloße.
Bie äm do fingt me Wyandotts,
Biem annrn Italiäner,
D'r Drätte schwärmt fer Plymouth – Roks,
Fersch Leghorn düs un jener.

D'r Müllr lobt sin Rheinlaandhuhn,
Pußbackchen rühmt dr Meyer.
„De Andalusier, schpricht Schuilz,
Döi lei'n de meiste Eier!"
„Nä – Rhodeländer muß me hua,
Do kamme sich gefreie"
Schpricht Zeng; un Bang priest's Nackhalshuhn:
„Duas leiter taglich zweie!"

höiruf schpricht Richter: Hiert mol har,
Ich han do wuas erfungen,
Un doderch ohne Rassenzucht
Manch' Schock mie rus geschungen.

De Sortenwahl tütt nischt drbie,
Me muß nur pfiffig siehe,
Un kann derch än famosen Trick
De Eierzuahl erhiehe!

„Wann minne Hünnr han geleit
Bis Mittuag, wie ich hoffe,
Dann bräng ich see im eine rim
Schunt wädder schloffe.
Ich hänge's Fanster dichte zu,
Daß alles ruabendunkel;
Im vüre los ich see dann rus
Un rießen än puar Runkel.

In ehrer Dummheit denken se,
's äs änne Nuacht verschwungen,
Un leien wädder frisch druf lues,
De Aaln, wie de Jungen.
Un sue an jedem Taage fast
Leit jedes Huhn zwei Eier!"
Gehorcht han see – un ufgepaßt
D'r Müllr, wie dr Meyer.

D'r Schuilz, dr Zeng un eu dr Bang
Bewuinrn Mußjöh Richter
Un fragen sich, wie sue än Meinsch
Nur kimmt uf sulchen Trichter. –
„Jo schluiwe muß me hitte sieh',
Schpricht Richter ganz geloßen:
Hübsch ufgepaßt, dann wärd's schunt gieh',
Dann's Geild litt uf dn Schtroßen!

Me muß nur wisse, wu es litt,
Wann me wäll existüre,
Mät vullr Öwerleiung schtats
Duas bischen Wärtschaft führe!
Wuas nützt mich dann dr Hünnrschport
Wuas nützt döi nuiwe Rasse,
Wuas nützt mich dann de Isenbuahn,
Wann ich dn Zoog verpasse?"

Am nachsten Tuage hatt's versucht
Än jeder vun dan Züchtern
Un do se kän Erfolg gehatt,
Do kuamen se bie Richtern.
Se wuaren fuchtig, wuaren schlaacht,
Dar kuam nich us dr Ruiwe
Un seit: „Döi nuiwe Rassen sinn
Zu düssem Trick zu schluiwe!"

's Schpahnfickel oder: Kinge un Narrn,
riaden de Wohrheit

D'r Kanter Klopffleisch in Fachschweng
Wuar aalt, dach in dr Schule schtreng,
Sust siehr belübt bie allen.
Ha ungerschtützte wu ha kunn,
Kän Tuag im Johre äs verrunn,
Wu ha nich tuat Gefallen.

Im Schriftlichen hat ha wuas lues,
Höi wuare ganz besungersch grueß
In Erbschaftsregelungen.
Mät Schtieren wußte guet Bescheid,
Bie ehm han se in Freid un Leid
Schtats immer Root gefungen.

Natürlich han de Buuren noocht
Goor oftmals eu an ehn gedoocht,
Wu knapp de Mittel wuaren.
Se schankten ehm sue manches Ei,
Eu Butter, Wörschte, allrlei,
Sin hübsch mät ehm verfuahren.

Schmidt's Albertn, duas wuar bekaant,
Dam ging dr Kanter vial zur Haand,
Wann ehn war wull beschummel.
Besungersch, wann sich's hät gedrieht
Um Schtieren, döi se ehm erhieht;
D'r Kanter mutts befummel.

Un werklich – Schmidt dar hatte Glück,
Krächt fast zweihuinrt Mark zerück;

Wull drim erkeintlich siehe.
Gelobte deshalb huech un hehr:
„See sunn, Herr Kanter, eu höifeer
Än Schpahnefickel kriehe!"

Jedach, ha broocht nich guet wuas ob,
Dann ha wuar ganz gewaltig grob;
D'r Kanter kaant dn Bruder.
Ha hatte änne zieche Haand
Im Gaben, allen wuarsch bekaant:
D'r Albert wuar kän Gueter.

Än ganzer Monat wuar verginn,
Vum Schpahnefickel nischt sesinn;
Dn Kanter knäpp's im Liebe.
Schmidt's Tochter wuar in sinnr Klaß',
Ha seit: „Mein Kind, ich habe was!"
Un see mutt drinne bliebe.

Schpricht dann, wu ha mät ehr allein,
„Erinn're doch den Vater dein
An's Ferkel mal, Pauline!"
Palinchen schpricht: - un schuilrt sich –
„See krinn's, sue vial ich weiß, nun nich,
Dann's frißt jetzt wädder fine!"

Wie mes vun kleine uf gewohnt äß

De aale Wuase Jerte wuar
Schunt ziamlich lange krank;
Se machte ehren Erben drim
De Ziet gehörig lang.
Se hatten sich's schunt usgemolt,
Wie alles waare sull,
Nun machte Wuase Jerte schunt
Baal's fünfte Maanel vull.
Än Johr ging nach dn annrn hän,
D'r Tued luuf schtats verbie
Un see wuar immer wädder nich,
Mät Schtarben an dr Rieh.
„Je – Hofftued schterbt im Laben nich,
Meint Kunruad, ehr Cusäng,

War weiß, ab vun dan Erben eins
Erlabe wärd ehr Eng!"
Mät einmol truat än Rückfall ein,
's suak biese mät ehr us;
De Erben tuaten siehr betrübt,
Dach – machten sich nischt drus. –
In Gothe wuar duas Johr gebuibt
Än Krematorium;
Kunruad machte sich an Jerten ruan
Schpricht: „Sick ach nich sue dumm;
Wann du mol schtärbst, wuas keinr wöinscht,
Do wärschte eu verbraant,
Duas machen all' döi Liete jetzt
Derchwack vum bess'ren Schtaand!"
Daß duas Verbrennen billiger wöerr,
Hät ha ehr nich erzahlt,
Un trotzdam hät de Tante sich
Ganz bockbeinig geschtaalt.
„Nä, schpricht se, duas wärd nich gemacht,
Sue hamme nich gewett,
Do wumme dach mol siehe höi,
War sebeschtimmen hät!
Wann döi min Willen nich erfüllt,
Do erbte nischt vun mich.
Fer all döi nuiwe Moden jetzt,
Weißt's Kunruad, schwärm ich nich!
Un macht döis nich, wie ich gewöinscht,
Do guckte in dn Mond;
Ich wäll begruaben siehe, wie ich's
Vun klein uf bän gewohnt!"

de gizige Lore

Lore, döi wuar forchtbuar gnaiwe,
Guab kän Pfenek vergablich us.
Seiln fung me änne Fraiwe,
Döis wie see, sue hatte rus.
Hat dn Pfenek nach derchgebässen,
Wann's de Ziahne ehr erlaibt;
Hät duas Krömchen sue geschmässen,
Wie's dr Zannte wuhl nich gleibt.
Schpuarsam wuar se schtats im Kochen,

Jeden Suintuag guabs Geschmink,
Dann döi Taage in dr Wochen,
Alles hübsch dr Rieh nooch ging.
Montuags guab's Kartuffelsuppen,
Dann dn Dünstag kocht se Grüs,
Jeden Mittewochen Gruppen,
Dunnrschtuag, geschmälzten Ries.
Frituags brucht' se nich se kochen,
Do wuar wuas in's Backs getrain;
Tuagsdruf – nun zum Schluß dr Wochen,
Guabs Kartuffel un Haringsrain.
Dann, welch wichtig grueße Rullen
Schtats bie ehr duas Gaild geschpialt,
Duas klingt us dam Veersichtsvullen,
Wuas dr nächste Fall erziahlt:
Einmol kimmt se, un wäll lange
Ehr Geschmink – se sücht nach Gaild –
Duas bemerkt ehr Nabber Schtange
Un dar schpricht: „Wann dich wuas feilt,
Kann zu Dünsten ich geschtiehe;
Wie vial bruchstan ungefahr?"
Nun, wann döi sue guet wullt siehe,
Do gatt mol än Dröier har;
Han än Gröschen zwar im Fache,
(Dar Risgant dach äs zu grueß)
Wann ich dan irscht einzel mache,
War ich ehn wie goor nischt lues!"
Keinmol äs se nach gefuahren
Mät dr Buahne – Ganz malluat
Schlappt se immer ehre Wuaren
Uf dn Buckel in de Schtuadt.
Jeder Apfel, jede Biarn,
Wärd zu Marte schtats getreckt;
Salber see kän Krepps vrziahren,
Wissen kaum, wie sue wuas schmeckt
Nach in ehren schünsten Tuagen,
Wuarsche schunt ganz krummp un luahm
Un derch all duas schwiere Truagen
Fast nich us dr Schtiade kuam.
Ehre Kleidung franzt un schließt sich;
Vun dr Grueßmutter geerbt.
Döi, trotzdem se aalt un kniestig,

Treit se dach, bis dasse schterbt.
Mät modern un nuiben Sachen,
Döi me sust bie Wiebern sieht,
Äs mät Loren nischt se machen;
's Aale wärd sesamm'n genieht.
Dach wuas nützte duas Gegize?
Schnall ginn döi puar Johre hän;
Dann hilft alles kän Gefize
Un mät ehren schtiefen Bänn
Muß se schpringe mät dn Tuede,
Wärd's ehr suure eu drbie,
's hilft känn Biebeln un känn Babeln,
See äs aben an dr Rieh.
Dofeer, daß se sich geschungen,
Nischt gegunnt – un obgetoobt,
Wärd än schienes Lüd gesungen,
See eu schlüßlich nach geloobt.
Schwieren Harzens muß se scheide,
Nischt – gluat goor nischt kritt se mät,
Will in ehrem Tuedenkleide
Lore keine Fächer hät.

**Wie Meister Aanrees sich salber
 iengemuurt hät**

D'r Meister Aanrees wuar bekaant
Als Mier un eu schtats fix zur Haand,
Wann einr wuas wull buiwe.
Sue in dr Regel ging ha blueß
Mät Hammer, Luet un Källn lues,
Kuam seilen us dr Ruiwe.

Än Zullschtock hät ha nie gebrucht,
De Länge, Breite oder Flucht,
Schätzt' ha mät blueßen Aiben.
Un deshalb hät ha manchmol dach,
Wann ha eu sue verschtunk sin Fach,
Drnaben darb gehaiben.

Nach hitte wärd dar Schpaß erzahlt,
Daß ha eu mol hät ufgeschtaalt
Än Ueben bie sinn Vetter;

Schätzt's Uebenloch un leift zum Schmiad
Dach, wu dar fertig hät sin Liad,
Do äs duas Loch vial bretter.

Dn schünsten Schtreich hät ha gemacht
(Dach wehedam, dar höi nich lacht)
Bi sinnr Wuase Evchen.
Dar hät ha ohne langen Schmuß
Gebuibt än nuiwes Hünnrhus
Massiv in ehre Höfchen.

Vun Hussen kimmte nich mie druan,
Ha sinnt un denkt: Wuas fängste uan,
Du mußt vun innen muure.
Ha tummelt sich un schpricht: „Im Nu
Do han ich's ganze Krömchen zu,
Duas sall nich lange duure!"

Leit gluat zwei Schienen druf un dann
Macht ha sue schwinge, wie ha kann
Glich de Gewälbe dröwer.
Duas hät bie ehm wie Nischt geginn,
Äs fertig, örr se sich versinn;
Mol röwer, zweimol nöwer.

In korzker Ziet, wie ha gedoocht,
Hät ha de Arweit schunt vullbroocht
Un's Hünnrhus es reide.
Schmiart schnall de Fugen leidlich us,
Dach, wu ha fertig – un wull nus,
Do äs verbie de Freide.

Ha hät sich salber iengemuurt;
Gröhlt Evchen zu, döi ehn beduurt,
Dach Hilfe kann nich gebränge.
Zwar äs än Loch am Huse druan,
Wuhl fer de Hünnr un dn Huahn,
Jedach fer ehn zu enge.

Ha schteckt dn Kopf höi derch un guckt,
Brucht nun Gewaalt, ha wergt un zuckt,
Dach lett sich's nich erzwinge.

Un Evchen schpricht: „Huab nur Geduild,
Es äs dach dinne eig'ne Schuild;
Wäll schnall nach Hilfe schpringe!"

Se leift – un hullt dn Nabberschmann,
Dar wuppst un wämmt, sue siehr ha kann,
Bis daß de Waand gewächen.
Un Meister Aanrees äs verflahmt
Druf rus gekrochen ganz beschaamt
Un hät sich furt geschlächen.

Kärchn Peter u. Paul

Änne Genrualbichte

Schtarbekrank – zum Tuede riffe
Äs dr aale Herm, dr Fiester,
Do kimmt eines schienenTuages
Mol dr Pfarr bie ehn als Triester.
Freit dobie nach düssem – jenem
Un schpricht dann: „Mein lieber Christ,
Hat er etwas auf dem Herzen,
Was beim Sterben hindernd ist?

Mir kann er es offenbaren
Inbezug schon auf mein Amt;
Und Sie sind wohl auch im Klaren:
Sünder sind wir allesamt!
Hat ihm je etwas gereuet,
Sag er's nur – jetzt ist's noch Zeit!"
„Eins duas wüßt ich blueß Herr Paster,
Wuas mich quialt, wuas mich geröit!

Ich wuar einst nach schpöt im Hailze,
Schracklich kaalt wuarsch uebendrien
Un ich ging, um mich zu wärmen,
Mol biem aalen Förschter nien.
Lott mich höi än Schnapschen gabe,
Druf dr Förschter fröindlich schpricht:
„Nee, bei diesem Hundewetter
Heimegehen – das macht ich nicht!

Können doch bei uns mal schlafen!"
Eu än Bett wuar grade fröi,
Ich lott mich nich lange niet'ge,
Seit: „Jowuhl, ich bliebe höi!"
Un dr Förschter hat zwei Töchter,
Beide wuaren se nach wach;
Eine hübscher wie de annr,
Dach verseit wuar keine nach!

Kaum, wu ich im Bette liehe,
Klopft wuas liese an de Teer,
Glich fung's Harz mich uan se puchen,
Schtaalte mich nischt Guetes veer.

Dach, war wuarsch? De eilste Tochter!
„Ach Sie frieren sicherlich?"
„Neie, seit ich: lübes Maachen –
Nä, ich früre werklich nich!"

Wu ich ziamlich iengedusselt,
Klopfte liese wädder wuas.
Jetzt wuar ich nach mieh erschrocken,
Doocht bie mich – war äs nun duas?
Düs wuar nun de jüngste Tochter;
See meint eu: Sie frieren wohl,"
„Nä, ich früre nich än Linschen,
Seit ich druf zum zweitenmol!

Duas wörsch 's Einzige, Herr Paster,
Wuas mich keine Ruiwe lett,
Daß mich, wu döi Maachen puchten,
Domols nich gefruren hät!"
„Nein, Sie haben recht gehandelt,
Schpricht dr Pfarr: das wird verzieh'n!"
Un dr Fiester schluef druf ruiwig
Schunt am nachsten Morgen ein:

Fast unglaiblich awer wohr

Einst hat me än Balwür im Derfe,
Duas wuar än ziamlich drull'ges Hus
Ha wuar su'n halber Pflasterkuasten
Un hullte drim eu Ziahne rus.
Natürlich gings nich sue ganz fine,
Dann ohne Schmerzen kunn ha's nich;
Ich han mich zweimol loß gelüste,
's wuar suesesaagen – ferchterlich.
De Zangen hullte us dr Sättl
Un schlug än Schnupptuch drinnerüm,
Dann wüükte lues mät vullr Forsche,
Un zarrte baal dn Schtuhl mät üm.
Nun, doför mutt me nach beriwel
Fünf Silbergröschen ganzegoor;
Noocht meinte: „Das ging ohne Schmerzen!"
Ferr ehn natürlich – duas wuar kloor.
Es labt höi mancher nach, dar sicher

Än Schpaß vun ehm erziahle kann:
Do kümmt eu eines schienen Taages
Bie ehn än hies'ger Buuerschmann
Un wäll de Guschen us loß besser;
Ha freit: „Wuas kost än Backenzuahn
Sezöihen, wann ich glich druf woorte?"
Dr Dokter guckt sich's Krömchen uan
Un schpricht: „Es äs dach keinr hohle,
Döi sünn wie Elfenbein nach us;
Du witt mich sicher nur verkohle,
Sue Ziahne hull ich dich nich rus.
Än Zuahn sezöiehen kost fünf Gröschen
Duas wörr dach wackgeschmässen Geild,
Wuzu vergablich Schmerzen liede,
Wann dach dan Ziahnen goor nischt feilt!"
„Duas kann dich egal gesiehe,
Schpricht vullr Raasche Hennrichuan,
Du zöihst mich jetzt dröi Backenziahne,
Duas annr gitt dich goor nischt uan!"
Nun kanne nich mie usgewiche,
Ha nimmt de Zangen un wörgt nien;
Wu ha dn Erschten hät biem Wickel,
Blutt Hennrichuan schunt wie än Schwien.
Druf zöiht ha witter eu dn Zweiten
Un gluat dn Drätten hingerdrien.
Höiruf schpricht Hennrichuan: „Du weißt dach,
Daß du nach schtüst in minnr Schuild,
Häst mich nun hängetriest dröi Johre,
Jetzt wuarsch verbie mät dr Geduild.
Ich wuar dich dach verdammt nich schenke
Döi fuifzen Gröschen – 's wörr gelacht –
Han domols mutt Kartuffel bänke
In Kohle, wuas de häst gepacht.
's wuar schuade um döi guete Ziahne,
Dach do me sue känn Hallr kritt –
Un höi sue kuam ich zur Bezuahlung;
Tuats eu mol wiehe – jetzt simme quitt!"

Pappschnuußen

Kummt har un hiert! Us aalr Ziet
Wäll ich uch hitte wuas berichte;

Än Guastwärt hat – bie Tummsbrük wuarsch
Goor keine Nuasen im Gesichte;
Drim wuar ha wiet un breit bekaant,
Pappschnuußen hansen blueß genaant.

Dan Nuamen hat ha ganz mät raacht,
Duas kunn ha salber nich geschtriete;
Daß sinne Nuasen wuar us Papp,
Duas wußten wuhl de meisten Liete.
D'r Schöpfer hat – 's wuar nun geschinn –
Döi dumme Nuasen öwersinn.

Dach, waarsch nich wußte, dar suags goor nich,
Sue fine suaße im Gesichte,
Naturgetröi, un uangeklemmt
Mät ännr Fadder ziamlich dichte.
Trunk ha sich fast am Schnaps zu Tuede,
Se wuar nich blaiwe un nich ruete.

Guabs in dr Guastwärtschaft mol Krach,
Wuruf ha kollesal verbässen,
Schnall schtackt de Nuasen ha ins Fach
Un hät de Blase nus geschmässen.
Ha hatte Knochen wie än Guhl,
Än rischen Sinn, än lueses Muul.

Dach achtzehnhuinrtsachse wuarsch,
Wu de Franzuesen arg durt huusten;
Am hallenlüchten Taage goor
Tatsachlich wie de Ruaben muusten,
Do wuaren se mol us Versinn
In sinne Nabberschaft geginn.

Bie ännr aalen Dame höi
Hat duas Gesindel veergeschprochen
Un do se sich hät wäddersatzt,
Do sin se enfach iengebrochen.
Wu se druf luut krischt, kratzt un krimmt,
Pappschnuußen schnall zu Hilfe kimmt.

„Perdü Franzuesen! Gröhlte luut,
Wullt döi dn Uanschtaand nich bewuahre,
Do war ich glich mät minnr Fust
Als Nabber höi drzwischen fuahre!"
Hät gluat, wie ha geseit, getunn,
Dan än darb ver de Brust gerunn.

Es gätt än ferchterlichen Krach
Un do se mätnannr ringen,
Grifft schnall dar eine Franzmann zu
Un faßt Pappschnuußen darb vun hingen;
Dann hätt'n ins Gesicht geschlain,
Do äs de Nuasen furt geflain.

De Wärkung wuar ferchterlich,
Besungersch bie den dröi Franzuesen;
Erschrocken sin se, ganz perplex
Nun öwer düssen Nuasenluesen
Un usser Fassung. – Ganz beschtimmt
Will nich än Tröpfchen Bluet rus kimmt.

Se pülken ängstlich: „Un fantome!"
Duas heißt „Geschpänst" un vullr Ihle
Sin see, örr ha sich's hät versinn,
Schnall usgeknäppen mittlrwiele.
Se laifen, laifen immer serr,
Wie wann dr Töiwel hingern werr.

Pappschnuußen hiabt de Nuasen uf,
Beschnankert se vun allen Sieten.
„Dar kleine Knick, dan see gekrächt,
Meint ha, hät goor nischt sebedieten!"
Ha klemmt de Fadder feste uan,
Schnapp sitzt de Nuasen wädder druan.

De aale Dame dankte hübsch,
Daß ha zu Hilfe wuar gekummen
Un see mät vullr Energie
Hat vaaterlich in Schutz genummen.
„Ich kaif' uch eu , sue seit se gluat,
Ne annr Nuasen in dr Schtuadt!"

„Nä, eintlich tütt's je goor nich nuet,
Meint ha, wist du erkeintlich siehe,
Siek zu ab de, wann's Geild nich duurt,
Förn Suintuag eine kast gekriehe;
Dach gitt, wann's höirim keine gätt,
De aale eu nach mät!"

Druf schpricht see: „Jo vun Harzen gaarn,
Duas äs dach känne schlämme Sache;
Ich loose uch, wann's sustwuas kost,
'ne nuiwe Suintuagsnuasen mache!"
Pappschnuußen hät, ha wuar schunt aalt,
Nach gaarn vun düssem Akt erzahlt.

Musik un ehre Wärkung

Musik äs änne schiene Sache,
Se hilft zu Freide un zu Leid.
Se kann dn Meinschen fruhe gemache,
Un zwingt 'n eu zur Trurigkeit.
Wuas braachte de Musik nich reide?
Hät einr Pach un Mißgeschick,
Duas alles wannelt sich in Freide,
Wann ha hiert lustige Musik.

Wie lichte flöihen nich de Beine,
Wann än exakter Marsch erklingt;
Un äs dr Mensch schunt korzenkleine,
Ha wädder frisch un muinter schpringt.
Erklingen dumpfe Trurchoriale,
Do wärd dr Heiterschte verschtimmt;
Ganz lichte kamme se geziahle,
Bie dan kän einzig Traanchen kimmt.

De Walt döi werr wie tuetgebueren,
Werr än verfuschtes Meisterschtück;
Un öwerflüssig alle Uehren,
Wann ganzlich feihlte de Musik.
Goor gätt me hitte sich de Möiwe
Un wänkt Musik biem Vöihe uan;
Höi sinns de Schwiene un de Köiwe,
Döi ganz besungersch Schpaß han druan.

Musik döi hilft zum Produzüren
Vun Mälich bie ännr Kuh;
Un nischt äs lichter seprowüren,
Me mülkt, un macht Musik drzu.
Am besten mät äm Grammephone,
Duas schpialt, wi döi wuhl alle wißt
Allein – un glich biem erschten Tone
De Mälich bedütend schtarker flißt.

Besungersch wärkt än sanfter Walzer,
Ab ha in Dur gitt oder Mull;
Verr Freiden macht de Kuh än Schnalzer,
Rupps äs dr ganze Ämmer vull.
Doderch schpuart me duas türe Futter,
Wie Palmkarnkuchen, Soijaschruet;
Musik döi schteigert Mälich un Butter
Un rißt dn Buuren us dr Nuet.

Es sall je ganz erheblich siehe,
Wuas doderch mie wärd rus gepraßt;
Dann dr Prozantsatz sall oft schtiehe
Bis drißig, wanns Musikschtück paßt.
Daß Schwiene awer reagüren
Eu uf Musik – han dofeer Sinn,
Äs ohne Flunkern uanseführen,
Wuas jüngst in Wingewark geschinn:

Än Buur hät änne Tracht'ge Suiwe,
Döi hat kän falsches Hoor an sich;
Se wuar sue ruiwig un getruiwe,
Dach nach dn Warfen wuar ses nich.
Se hatte dritzen Fickel,
Do äs se mittenmank gepatscht;
Krächt mät dn Schnuußen see biem Wickel
Un hät se ferr de Waand gekwatscht.

Nun, se versuchtens irscht in Güte,
Se föschten se mät Schpack un Bruet;
Dach mutten se sich forchtbar hüte,
Se macht' se sust menannr tuet.

Do denkt ha – künst an nischt erfinge –
Nimmt schnall sin Trudelsack mät nien
Un lett än flotten Marsch erklinge,
Wie ümgewannelt äs duas Schwien.

Es hät noocht mät dr größten Ruiwe,
Wie änne Mutter sich betunn
Un wuar, wie werklich änne Suiwe
Nich zaartlicher gesiehe kunn.
Musik äs änne schiene Sache,
Se wärkt, wu's keinr wuhl gedoocht;
Mät ehr lett sich goor viales mache,
Dann höi äs dr Bewies erbroocht.

Kaspruan d'r Rachenmeister

Kaspruan schpialte viale Johre
In d'r Preißschen Lotterie,
Un dach wuar ha biem Gewinnen
Nach nich einmol mät d'rbie.
Immer trüeste ha sich salber:
Einmol häste dach nach Glück,
Mol muß dach d'r Kuckuck hulle
Duas verflixte Mißgeschick.
Jetzt guabs wädder frische Luese;
Kaspruan suste in de Schtuadt
Un vun all' dan vialen Nummern
Sachsendrüzig sich erbuat.
Noocht, nach än puar langen Wochen,
Wuar de Zöihung in Berlin,
Un mät einmol klappte 's Krömchen,
Nabber Kaspruan hatte Schwien.
Fattgedruckt schtungs in dr Liste;
Sachsendrüßig hat gewunn,
Eu nich wenek, un Kaspruan meinte:
„Jetzt bruch ich nischt mieh setunn;
Kann nun als Rentje gelabe,
Will duas Geild wie Liese heckt,
Eu min Ailsten wuas gegabe,
Dar nach tüf in Schuilden schteckt."
Ha wuar freidig, un erzahlte
Allen Lieten vun sim Glück,

Un dobie, do kuam ha schtandig
Uf döi Nummer mät zerück.
„Hiert, de Nummer sachsendrüßig
's wuar nur guet , daß ich se nuahm,
Dar nur han ich's ze verdanken,
Daß ich zu dam Geile kuam!
Un, wie kuam ich uf döisalbe?
's Nuachts, wu ich im Bette lie,
Traimte mich – wann ich will schpiale
Wädder in dr Lotterie,
Süll ich minne Fanster ziahle,
Döi ich hatt' am ganzen Hus;
Söben mol döi Zuahl dann nahme
Un wuas dodörch köme rus,
Duas wörr änne guete Nummer,
Wu ich d'ruf gewinne kinn. -
Schnall erwachte ich vum Schlummer
Un hat alles nach im Sinn.
Gneuwe zahlt ich minne Fanster
Uf dr Rieh im ganzen Hus;
Sachse wuarens – un mol söben,
Do kuam sachsendrüßig rus.....
's Rachen gitt mich ob ganz flüssig.
Wuas ich larnte, nie verguaß;
Sachs mol söbn es sachsendrüßig,
Söbn molsachse aben duas.
Wädder hatt' ich nich gewunn,
Wann ich nich gerachen kunn."

Chrisjans un Vulper verr Paris

Achtzehnhuinteinunsöbzig,
Do's französche Heer geschlain,
Han noocht unse dütsche Truppen
Lange ver Paris gelain.

Chrisjans un sin Kamruad Vulper
Vun dr erschten Kumpanie
Wuaren, wie se oft erzahlten,
Allebeide mät d'rbie.

Höi guabs viale Langewiele,
Dann geschossen wuar nich mie;
's all'rschlachste wuar, daß beide
Öftersch mutten Posten stiehe.

Eines Tuages, wu se wädder
Streng beobachten d'n Föind,
Do erhiabt sich usnohmswiese
Än ganz ferchterlicher Wöind.

Chrisjans suchte Schutz un meinte:
„Duas hal höi dr Töiwel us,
Dann bie sue äm Lusewatter,
Do jait me känn Huind 'e nus!"

"Dar pfifft ganz wie Zägenschinger;
Aber Vulper – wie gesait –
Möi sin fremd höi, un do weiß me
Mät d'r Richtung wenek Bescheid."

„Unsinn Chrisjans – sue vial merkt me –
Rachts rien, do litt de Vogtöi,
Do Paris, links Opperschusen ;
Ufgepaßt – un höi schtinn möi. –

Ich verwette jetzt min Laben,
Un sue wahr du bist min Fröind;
Düsmol tapp ich nich d'rnaben –
Möi han Isenacher Wöind!"

D'r schluiwe Buur

Eine Spuar- un Darlehnskasse
Hatte biem Apthieker Matz
Ihngericht än Wuarenloger,
Dann dar hatte massig Platz.

Höi wuar alles ufgeschtapelt:
Düngemittel, Sameröi,
Un wuas sust de Buuren bruchen –
Uslaandsfutter ferr ehr Vöih.

War vum Loger sich wuas hullte,
Krächt duasalbe nur gein buar,
Will dach höi d'r Rachnar salber
Meisten nich zegagen wuar.

Fritz, dr Husmann vum Apthieker,
Guab de Wuaren schtandig us,
Höibie wuar ha forchtbar strenge
Immer uf's bezuahlen nus.

Jörge Kiemstedt, dar irscht körzlich
Eine Krankt hatt' derchgemacht,
Wubie ha de Krankenkasse
Hat gehörig usgeschlacht. –

Kuam eu eines schienen Tuages
Hän uf's Loger, wu ha wull
Ferr de Köiwe Palmkarnkuchen
Hua än ganzen Schubkarrn vull.

Do ehm Fritz zwei vulle Säcke
Uf sin Schubkarrn hat geladt,
Wull ha's Krömchen heime trecke,
Ohne, daß bezuahlt ha hat.

Fritz wie immer – goor nich fuhle,
Rufte hinger Jörgen har:
„Hier, irscht mußte dach bezuahle!"
Jörge guckte ganz d'rquar.-

„Wuas, bezuahle? Ganz wuas Nuiwes
Nich än Pfenk gätt's höi d'rför;
Ich bän in dr Krankenkasse,
Un do schtüts grueß an d'r Tör:

Daß möi alles wuas uns nietig
Krin schtats unentgeitlich höi,
Dann äs hät än jedes Metgliad
Dokter un Apthieken fröi!"

De Kleibensiche

Es herrscht de Kleibensiche
Un pflanzt sich immer furt
Im ganzen Ditschen Riche
Uf d' Rieh vun Ort zu Ort.

Un nun irscht de Gesetze,
Döi me hät usgedoocht
Me kinn sich druan ergötze,
Meist wuaren se verflucht.

Me kann kän Schwien verkaife,
Kän Huhn, kän Zägenlamm,
Es derf de Ganz nich laife
Bie ehren Britigamm.

Kän Huind derf uf de Schtroße,
Kän Ochsen bie de Kuh,
Me derf kän Huhn rus loße
Kalk schtreuwe immerzu.

Kän Fickel derf zum Marte,
Kän Schoof ins grüne Feild,
Duas äs dach werklich harte
Fer'n Buur, ehm feilts an Geild.

De Köiwe derfen alle,
Wann se eu karngesuind,
Nich rus us ehrem Schtalle;
's kimmt mancher uf d'n Huind.

Dann keiner kann beschtelle,
Wanns Fröijohr rückt ins Laand,
Duas wärd dr Nail zum Suarge
Ferr unsen Buurenschtaand.

Dach irscht de Hauptverluste,
Döi kummen ewersch Johr,
Duas seit schunt Nabber Guste,
Un wuas de schpricht, äs wohr.

's gätt schpöter känne Fickel,
Kän Kalb, kän Ganschen gät's;
De Siche schadt dn Buuren
Vial weniger, wie's Gesetz.

Es kann's goor keins geschätze,
Wuas doderch feilt im Laand,
Sue herrliche Gesetze
Hät früher keins gekaant.

Se kunn uns nischt genütze,
De Siche gitt uf dr Rieh,
Hat keins sich drim gekümmert,
Do wörsche langst verbie.

Me lett sich's je gefalle,
Wann's ein'germoßen gitt;
Dach eins, duas wiß me alle,
Daß allzuscharf nich schnitt.

Am Brammeltische

„Hiert har, ich han en Schpaß erlabt,
Dan lott mich schnall erziahle."
Sue schpricht d'r aale Nabber Fritz:
„Noocht lott uns witter schpiale!"

„Mol eines Suintuags nachmetuags,
Nach in d'r aalen Schenke,
Do suaßen se am Brammeltisch;
Warsch wuar , kunt uch gedenke.

Se schtorchten hän un schtorchten har
Vun düssem un vun jenen,
Vun Sepration un Poletik
Un vun dan nuiben Plänen.

Dach dobie wuar sich nich sue knapp
Än Richtiger genummen,
Irscht derch dan Fussel wuaren se
Sue raacht in Taxt gekummen.

Ä jeder wull d'n schinsten Plan
Am Schtreschen, Langenruasen.
Duas nohe un duas guete Laand
Schtackt allen in d'r Nuasen.

Herr Wensel (*) kann, wann's ehm nich paßt,
Zum Töiwel sich geschaare;
Fünf Sottel (**) an dr kleine Trifft,
Duas kann dach nischt gewaare.

Sue gröhlte Jörjuan lut ver Wut.
Kannuan schprung in de Hiehe;
„Sachs Schtrügel (***) sall am Luhbarg ich
Un eu vern Hörnchen kriehe."

D'ruf mischte Mertnuan sich drmank:
„Hiert uan, ich bän d'r Dumme."
Dach kunn ha ver dam Mordschkandal
Goor nich zu Worte kumme.

Do sait uf einmol Henrichuan:
„Wuas sall an duas bediete?
De Kuarten har, jetzt schpiale me Wensch,
Lott all dan Krom bisiete."

Kammichel schtahlt de Kuarten hän;
Jetzt wuaren se alle vüre
Ganz mieschenschtille, dann es wull
Dach keiner wuas verlüre.

Un Henrichuan als Ailster sait:
„Ich wäll zur erschte gabe;
Nun halt de Guschen un paßt uf,
Sust kunnte wuas erlabe!"

* der Leiter der Separation
** eine Sottel 60 Ruten = ½ Acker
*** eine Schtriegel 30 Ruten = ¼ Acker

D'r Jörjuan schpialt d'n Töiwel us,
Kannuan de Schallenzahne.
D'r Schtich wärd minne, Mertnuan sait:
„Ich bän nach bie Verschtaane!"

Ha schmäß mät Wucht d'n Paster druf:
„Dan sall mich keiner nahme,
Sunst mitt ich mich – sue sait ha schtailz –
Dach ver mich salber schaame.

D'r Henrichuan, d'r verte Mann
Schunt halb im Dampfe drinne,
Dar meint: „Na sue än Lumpenschtich,
Dan war me dach wuhl kinne!

Ha zug d'n Bammbel, hulte us
Bis ziamlich an de Decken;
Do ruckte Mertnuan, wie vum Blitz
Getroffen, in de Ecken.

„Sait dann: „Dich fädelt wuhl d'r Narr,
Du witt mich ewerschtache,
Duas äs dach's reine Kingerschpial,
Nun kaste eu gelache!"

„Jetzt häste 's ganze Schpial verhuinzt,
Bist wuhl nich raacht bie Sinne,
Su'n festes hat me lange nich
Un kunn's nun nich gewinne!"

Ha schmäß de Kuarten uf dn Tisch
Un wuar ganz katzengraiwe.
„Nä sue wuas," sait ha , argert mich,
Duas kann känn Mainsch geglaiwe!"

„Daß du din Mettmann ewerschtichst,
's es werklich dach zum Lachen!"
Druf Henrichuan gelosen sait:
„Hier, duas sin minne Sachen!"

„Ich schpiale schtats, wuas Schpial hargätt,
Un wann se mich veracht'n,
Ich lobe möi duas, wuas me hätt,
Un war än kann, dar macht'n!"

's es gut, sait Mertnuan: „häll din Muul,
Du kast uns nischt erziahle,
Im ganzen Laben war ich dach
Mät dich nich wädder schpiale!"

„Un 's äs sue, wie ich oft schunt sait,
Me merkts an düssem Falle:
Es waren höi, wie anrschtwu,
De Dummen goor nich alle.

„Ferr hitte han ich grade genung,
Jetzt lott uns heime giehe."
„Jowuhl," sait Kannuan: „du häst raacht,
Kummt har, es sall geschiehe."

„Dach er möi ginn, trinkt us domät
Sich jeder nach mol schtärke,
Un dan vermaletöiten Tuag,
Dan wumme alle merke!"

„Duas wuarsch, wuas ich erziahle wull,"
Sait Nabber Fritz: „Döi Jungen
Ich han ver Lachen mich drbie
Derchbässen baal de Zungen!"

„Dach kuam möi ganz vun unserm Schpial,
Mol lues, war wuar an vorn?
Noocht, wann möi raide sinn, erziahl
Ich nach sue en puar Schnorrn!"

D'r Musketür am Perpendikel

Me hät sue manche Schpaß erlaabt
In all dan vialen Johren;
Do fällt mich aben bie
Vun Iewen un vun Dooren.
De Iewe, wuas de Mutter wuar,

Döi hatte ehren Kummer,
Daß ehre Tochter Doore hat
Im Derfe keine Nummer.

Se wuar nich jedermann's Geschmack,
De Heirat wull nich klappe.
De Mutter schpricht: „Wort nur de Ziet,
Du wärscht dich schunt än schnappe!"
Un werklich, goor nich lange druf
Hät see än an dr Angel;
Vun Ebendorl wuare nich,
Es wuar än Borsch us Langel.

Se brängten mät ins Hus getreckt,
Un schtellten veer dr Mutter;
De Aale, döi hät nischt drgein
Un alles äs in Butter.
Dach schpialt ehr 's Schicksal baal än Schtreich,
Es hilft känn Fluchen – Baten;
Ehr Borsch äs, will ha tauglich wuar,
Biem Heere iengetraten.

Wu kaum sachs Wochen worren rüm,
Lott ha sich Bilder mache
Un schuckte Dooren eins drvon,
Döi trug es schtats im Fache.
Wäß jedem, dar es siehe wull,
Dan schneid'gen Infantristen
Un Doore, döi verschtung es schunt,
Sich schtailz drmät sebrüsten.

Dach leider korzke Ziet drnooch
Ging's Krömchen in de Brüche,
Un dar sue schneid'ge Musketür
Lott Loren ganz im Schtiche,
Dann es wuar ehm mät Lichtigkeit
In Arfert durt gelungen –
Daß ha hat, wuas känn Wuiner wuar,
Wuas Hübscheres gefungen.

De Doore schumpft, de Mutter meint:
„Wuas denkt sich dann dar Dumme,
Dar Frachdax, düsses Trauerklues
Sall nich zur Ruiwe kumme!"
See hängt duas Bild, wuas ha geschuckt
Jetzt an dn Perpendickel.
„Na worte nur, dich krimme schunt,
Dich drieninges Karnickel!"

Un röwer – nöwer flug seitdam
An Iewen ehrem Seier
Dar schtramme, schmucke Musketür,
D'r treuluese Vogtöier.
Un Iewe meint': - un lachten us,
Wann se ehn sue suag flöie –
"Dich schtrich me ganz gehörig uan,
Sast's bitter nach beröie!"

Unsere Valuta

Wo die Valuta tief gesunken
Und um sich griff die Inflation;
Das Volk durch all die Nullen trunken,
Ganz wertlos war die Million;
Auch minderwertig die Milliarde,
Die Billion ein winz'ger Schein,
An's Ruder kam schon die Billiarde,
Die Trillion gleich hinterdrein.

Da sank rapid die Mark im Werte,
Der Dollar stieg dagegen stark.
Er stieg, bis endlich schon gehörte
'ne Billion zur früh'ren Mark.
Und deshalb galten alle Scheine,
Die unter einer Billion,
Gar bald schon im Verkehr als Kleine,
Als gänzlich Überflüss'ge schon.

Sie waren Spielzeug für die Kinder;
Der Lumpensammler schämt sich nicht,
Und wie die Kuhhaut sonst der Schinder,
Kauft er die Scheine nach Gewicht.

Auch eines Abends sitzt alleine
Charlottchen – und beim Dämmerlicht
Sortiert und wiegt sie flink die Scheine:
Da kommt ihr Fritz dazu und spricht:

Vogtöier Nuetgeild

„Ach Lottchen, wuar macht sulche Sachen?
Hier – duas Geschäftchen luhnt dach nich!"
„Wuas?" Do fängt Lottchen uan se lachen –
„Wann duas nich luhnt, nun Fritz do schprich,

Wuas macht dann döi mät düssem Schpittel,
Mät all dan Schienen klein un grueß?"
„Möi tun se in d'n Klingelbüttel,
Do war me se am besten lues!"

„Höi gätt me dach blueß uanschtahnshalber,
Kän Einz'ger weiß, wie vial me gätt;
Drim sick nur nich sue goore alber
Un nimm getruest döi Lappen mät.
Se mussen schunt zefriaden siehe,
D'r Pfarr, un eu d'r Ailterist ;
Ich kann duas werklich nich verschtiehe,
Daß du höibie sue ängstlich bist."

„Nä – sue wuas wör ich nich risküre!"
schpricht Lottchen – Fritz dar lacht un zischt –
„Nä Fritz – biem lüben Gott blamüre –
Ferr sue wuas gab ich löber nischt.
Du weißt, ha hät en scharfes Aiwe,
Dar sieht's, wann keine Lampen brennt;
Un Fritz – glaibs jue, daß ha eu gnaiwe
Schtats unsere Valuta kennt!"

D'r Mülverstädter Nuachtwachter

D'r Nuachtwachter vun Mülverstädt
Kun all'rlübst gesinge;
Es schpitzten, wann ha's Derf derchschrätt,
De Aalen, wie de Kinge;
Will immer, wann sin Horn verklung,
Ha nach än passend Lüdchen sung.

Ganz Mülverstädt wuar schtailz dodruf,
Dann keiner broocht's sue reide;
Schunt, wann ha kuam d'r Gassen ruf,
Wuar alles vull'r Freide.
Besungersch ulkig wuar dr Schluß,
's wuar korzk un guet än Huechgenuß.

Se kuamen har vun wiet un breit
Un wullen durt verkiehre,
Han sich nich ör in's Bett geleit,

Irscht wull'n se Frieden hiere.
Gringst d'r Verkiehr gehuaben hät
Derch Letzteren sich in Mülverstädt.

Mät einmol wuar de Freide us,
D'r Singsang wuar verschwungen.
's kuam blueß vum Horn än Tönchen rus,
Dach nich än Lut gesungen.
Duas wuar d'n Lieten goor nich raajt,
Se wuaren öwer Frieden schlaajt.

Am an'rn Morgen mut bieziht
Biem Schuilzen ha erschiene;
Dar seit: „Nun hiert mol Meister Fried'
(Un machte arnste Miene)
Döi schtreikt – hat uch dach nich erkullt,
Daß döi kän Lut mie singe wullt?"

„Herr Schuilz, duas es zwar nich d'r Fall;
Dach, wann ich's derf erwiahne –
Ich han – wann Unglück siehe sall –
De beiden letzten Ziahne
Verluren, 's ganze Muul tütt wieh
Un's Singen gitt drim goor nich mieh!"

„Goor?" schpricht d'r Schuilz: „Höi muß me schunt
Un müt me's Geild glich borge,
Do döi es salber dach nich kunt,
Uch än Gebiß besorge;
Will sust dan hübschen Kunstgenuß
Duas ganze Derf embahre muß!"

Gesait – getunn – 's Gebiß beschtaalt
Uf allgemeine Kosten.
D'r Wachter, dar schunt söbzig zahlt,
Wuar guet nach uf d'n Posten.
Än Krünchen wuar ehm ufgesatzt,
Will's ganze Derf vun Frieden schwatzt.

Un alle wußten ganz beschtimmt,
Wuas ehm d'r Schuilz verschprochen;
Daß Friede än Gebiß bekimmt,

Vum all'rbesten Knochen.
Wuas eu sull siehe luut Vertruag
Schunt fertig nachsten Dunn'rschtuag.

D'r Dunn'rschtuag dar kuam ins Laand,
De Klocken döi schlug zahne.
Im ganzen Derfe wuarsch bekaant,
Daß Frieden's Muul imschtaane.
Un alles schnall ans Fanster schprung,
Do ha jetzt derch de Gassen gung.

Dach wädder kuam ha schtille uan,
Hät blueß sin Horn geblosen;
Schunt wullen sich ergötze druan
De Liete uf d'n Schtroßen.
Un eu de Schenke döi suaß vull,
Will jeder Frieden hiere wull.

Se wuaren förmlich ufgereit,
Will ha nich hat gesungen;
Un Worte han se ehm gesait,
Döi goor nich hübsch geklungen.
Druf schpricht ha: „Liete hat Geduild,
Mich trifft nich de geringste Schuild!"

„Ich krächt duas künstliche Gebiß
Un han gefreit mich sündlich;
Dach sait d'r Zuahnorzt: „Nie vergiß,
Daß sulch än Ding empfindlich.
Es muß, wann's nich kaputt sall giehe,
Schtats immer 's Nuachts im Wasser liehe."
Nun hiert: „Sue äs, sue wuarsch, sue schtitt's,
Gitt hän un guckt, d'rheime litt's!"

Zum Emdörl'schen Heimatfaste

Immer wädder muß ich priese
Ebendorl un de Vogtöi;
Wörsch dann wuhl in jeder Wiese
Ergend wu sue hübsch wie höi?
:/: Dodrim tuusche ich, drim tuusche ich
Mät d'n richsten Börger nich. :/:

Fiene labt sich's uf d'n Laane,
Finnr dach, wie in d'r Schtuadt.
Orm un Rich, in jedem Schtaane,
Alle han se vüllig suat.
:/: Dodrim tuusche ich, drim tuusche ich
Mät d'n richsten Börger nich. :/:

Minne Brut döi heißt Karline
Hät sich all'rlübst geklädt.
Eine, döi wie see sue fine,
Es dach in d'r Schtuadt nich gätt.
:/: Dodrim tuusche ich, drim tuusche ich
Mät d'n richsten Börger nich. :/:

Harzlich garn nehm se än jeder,
Will's bie ehr an goor nischt feilt;
Luinden, Laand – eu kritt se schpöter
Nach än Klumpen buares Geild.
:/: Dodrim tuusche ich, drim tuusche ich
Mät d'n richsten Börger nich. :/:

Än politischer Vogtöier

Valten Sickmann, Emil Kleis,
Diskutirten 's Noppts biem Büre;
„Hindenburg, dar aale Greis
Sall nach 's Dütsche Rich regüre.
Presedent wärd ha beschtimmt,
Dann ha es d'rzu imschtaane;
Un wann dar an's Ruder kimmt,
Do wärds besser noocht im Laane."

„Jo su es," sait Kleis – un lachte,
Klopft d'rbie de Pfiefen us –
„Wann ich sue dan Krom betrachte,
Denk ich oft – wu wäll duas nus?
Hindenburg – nun wärd's richtig,
Dar Gedanke es nich schlaajt;
Ha es sihr belübt un tüchtig
Un gewiß äm jeden raajt!"

„Muarx es nach mät ufgeschtaalt,
Dar hät zwar än an'ren Glaiben,
Dach äs lange nich sue aalt
Un drim besser severdaiben!"
Meinte Emil: „Daß döis wüßt,
Konfession es Nabensache;
Ich bän Miehrheitssozialist,
Kimmt dar derch, do war ich lache!"

„Hindenburg es unser Mann,"
Seit druf Kleis mät korzken Worten:
„Daß uns dar regüre kann,
Duas bewiest de Brust vull Orden!"
Eu döi an'ren schtimmten bie:
„Hindenburg lut de Parole;
Emil dar kann ergendwie
Uns mät Muarxen nich verkohle!"

Un am nachsten Suintuag wuar
Eu de Wuahl schunt obgehaalen,
Wu de meisten Wiahler han
Dach gegräffen nach dam Aalen.
Emil wuar mät obgeblitzt,
Kleis dar hat gekrächt sin Willen;
Wann ha sue eu nischt gesait,
Hät ha dach gelacht im Schtillen.

Korzk druf fiahrte in de Schuadt,
Iensekaifen frische Wuare;
Setzt sich einfach uf sin Ruad,
Wäll de drißig Pfenn'ge schpuare.
Un biem Felsenkall'r fiahrt
Links d'n Fußwag ha entlang,
Ungen nimmt ehn unverhofft
Schunt än Grüner in Empfang.

Ohne langes Hän un Har
Hät ha Kleisen ufgeschräben;
Un's verwöinschte Schtrofmanduat
Äs nich lange usgebläben.

's wuar je zwar än bischen schtark,
Wuas se ehm do ufgebingelt;
Zuahle sulle gluat fünf Mark
Eu, will ha nich hat geklingelt.

Emil hat d'rvon gehiert,
Un ha kunn's fast nich erluure,
Ör ha mol bie Kleisen kuam,
Un se machen ehm de Kuure,
Korzk d'ruf trifft'n verr d'r Schtuadt
Wu se grade Fierobt machen;
Do ehn sieht, do fängte gluat
Wie än Viezhuind uan se lachen.

„Häst dann nun din Hindenburg?
's kann dich werklich nich geschuade;
Krächt möi Muarxen guab's duas nich,
Dann do kunnste mät dim Ruade
Hän gefuahre wu de wullst,
Do bezuahlste nich än Dröier;
Wort nur, kritt nach uiwern Schwulst,
Unpolitische Vogtöier.
Langst schunt han ich's prophezöit:
Ward im Laben nich geschöit!"

D'r Fluarmsche Husar

D'r Fluarmsche Husar es än drulliges Heft,
Nich einer kann duas wädderschtriete.
Ha paßt un pfuscht in jedes Geschäft
Un kennt wiet un breit alle Liete.
Macht schtats sinne Faxen mät düssem un dahm,
Ganz seilen mol wärd ha verlagen,
Un wöinscht einer Uskunft vun ergendwahm,
Do bruchen se ehn nur sefragen.
Ha mischt sich in alles, weiß immer Bescheid,
Vun ehm kunn se alles gekriehe;
Brucht ergend mohl einer än Knaacht, änne Maid,
Schnall kann ha zu Dünsten geschtiehe.
Wäll einer wuas kaife, än Kalb, änne Kuh,
Än Ochsen, än Guul oder Fickel,
Ör dar sich's versieht, do hät'n im Nu

D'r Fluarmsche Husar schunt biem Wickel.
Ha schmuchelt, ha pilpert, ha pinselt un schtricht,
Brängt eu änne Hirat zuwage.
Bie ehm fingt me seilen än scheiwes Gesicht,
Me derf ehm de Wohrheit mol sage.
Un kimmt än buur Fremder, vun ergendwu har,
Do hätt's d'r Husar glich gerochen,
Ha leift ganz beschtimmt ehm in de Quar,
Gluat wärd ha mät „Du" uangeschprochen.
Hät ha eu dansalben nach keinmol gesinn,
Ha wärd'n schunt wiese un lenke;
Kaum sinn se irscht rachts um de Ecken geginn,
Do sitzen se schunt in d'r Schenke.
D'r Fluarmsche Husar es än Original,
Än Künstlar uf jedem Gebiete
Un schtärbt ha, dann wärd es fer Fluarchen fatal,
War sall nooch veräppel de Liete?
De Gueschen döi flöit in d'r Nabberschaft rim,
Se hät wuhl än Maanel Gelenke;
Ha schlawert de Liete baal üm un düm,
Am schlämmsten zumeist in d'r Schenke.
Dach sill ha mol schtarwe, will's jedem sue gitt,
Sinn Schnuabel wärd witter nach dratsche;
Vun salber döi Guschen nich schtille schtitt,
Döi mussen se extra ehm patsche.

Consorten

„Nabber weißt dan döi Geschichte,"
Schpricht d'raale Meister Vogt:
„Daß se uns vum Amtsgerichte
Han su'n albern Wisch gebroocht.
Un döi herrliche Adrasse,
Sue wuas, duas es unerhiert;
Kann's im Laben nich vergasse
Un duas nennt de Walt geliehrt.
„Vogt Valentin und Consorten"
Duas hät ueben druf geschtinn.
Doför krinn de Herrn än Orden,
Nachdrzu än raachten schinn.
Duas sinn döi vum besseren Schtaane,
Sue hät mich nach keins blamürt;

Wuhl d'r dümmste Buur vum Laane,
Dar hatt' sue wuas nich riskürt.
Möi sinn dach – mät korzken Worten –
Errlich, brav – nun Nabber schprich!
Sue än fraches Wort „Consorten,
Duas paßt möi schunt lange nich!"
„Ich bän eu nich raacht im Klooren,
Meister Vogt – wuhl klingt's verkiehrt –
Zufäll'g han ich mol im Mohren
Sue wuas Ahnliches gehiert.
Nun, sue vial wie ich verschtiehe
Un irscht körzlich han gesinn,
Muß es wuhl än Fremdwort siehe,
Dann im Duden hätt's geschtinn!"
„Dach egal – maig döi Geschichte
Eine Warnung sie' dan Herrn,
Daß biem Dütschen Amtsgerichte
Blibt latinsche Schproche fern.
Sicher hatt's nich sue verdrossen,
Un dansalben Zwack erfüllt,
Wann es huß: „Vogt und Genossen."
Dach „Consorten" klingt gebild't!
„Wuas gebild't? Ich sülls nich meine,"
Schpricht erregt d'r aale Vogt:
„Bildung – höi duas es dach keine –
Han ich an'rscht mich gedoocht.
Nun, ich wäll's nich ewrtriebe,
Dann es äß nun mol geschinn;
Dach döi Herrn kunn sue geschriebe,
Daß möis Buuren eu verschtinn!"

Vogtöier Kärmse

Immer wann dr Herbst beginnt,
De Kartuffel riffe waaren;
Wu än jeder, dar sich rappt,
Rien hät de Getreideaaren,
Fier me Kärmse, quitschvergnügt,
Jung un aalt äs höi vertraten ;
Kärmsegiaste – sust wu har –
Kummen vialmol ungebaten.

Verrhaar wärd sich druf geschuckt,
Wärd gebacken Quatschenkuchen,
Wamme höi drzwischen guckt –
Duas Geschupse – Wieber fluchen –
Dach dr Bäck, dar hät Geduild,
Lett se schimpfe, schwadronüre;
Ha bekennt sich nie zur Schuild,
Ehn kann all' duas nich gerühre.

Eu än Broten wärd besorgt,
Höidruan dörf's irscht raacht nich feile,
Dann wuas freit, wann's Kärmse äs,
D'r Vogtöier nach dn Geile.
Eu manch' aalr Schüppsen muß
Bie dan Buuren höi druan gleibe,
Dann ha nimmt, wills Kärmse äs,
Alles nich, wie sust sue gnaiwe.

Nun – uf Kärmse – Heiligoppt
Wärd, wies heißt: Ins Krut geblosen;
's ganze Derf äs uf dn Bänn,
Alles wimmelt uf dn Schtroßen.
Vornewack gitt de Musik,
Halt gemacht wärd ver dn Köwer,
Wu manch lust'ger wärd geschpialt
Un do gitt verdammt nischt dröwer.

 Dann am erschten Kärmsetuag
Zöihn de Maachen un de Borsche
Nach dn Anger – un höi wärd
Nun geschwooft mät vullr Forsche.
De Platzmeister vornewack
Un döi tanzen irscht alleine,
Wann se durt sinn uangelangt,
Höi zu Ihren än puar Reine.

Uf dn Anger ufgeschtalt
Karreselle, Wörfelbuden,
Zuckerluaden; jung un aalt
Tütt sich oft zu vial des Guten.

Un am zweiten Tuage noocht
Mittuags gitt's an's Hamelhulln,
Wärd gefuahrn, wie verrückt
Un getrunken us dn Vulln.

Hamelfuahrt zu Kärmse

De Platzmeister sinn de Zweiten;
Noocht de annrn hingerdrien
Mät sue allrhand Karreiten.
Hän zum Börgermeister irscht,
Dam brängt me än Huech zu Ihren,
Wu se vum geschpenden Wien
Schwinge manches Glaschen liern.

Dann nach Langel, Nädndorl,
Noocht eu nach dn Guinzelhofe,
Wu dn höchsten Ton schunt singt
Mancher vun dr letzten Schtrophe.
Kaum am Anger uangelangt,
Wärd än Singal geblosen
Un dann, wie's schunt immer wuar
Glich de Kärmsepredgt verlasen.

Mancher kritt höibie sinn Fatt,
Dar etwuas hät usgefrassen;
Vun dam, wuas duas Johr passürt,
Wärd känn Tippelchen vergassen
's wuar ver sechzig Johren sue,
Äs bis hitte sue gebläben;
Oft schunt sinn se usgeoort,
Han dn Schpaß schtark öwerträben.

Dach sue wuas, duas schickt sich nich,
Me dörf nie wuas öwertriebe
Un wann's eu uf Kärmse äs,
Immer hübsch moralisch bliebe.
Nun, jetzt wißte ungefahr,
Wie me unse Kärmse fiern;
Sue, wie es schunt früher wuar,
's äs nach fast döisalbe Liern.

Nur de Trachten sinn eu höi
Hitte anrscht – huech modern,
Weshalb mancher Schtaadter blibt
D'r Vogtöier Kärmse fern.
Nun – Wann's wädder Kärmse äs,
Fiert un lott uch nischt verdrüße;
Nur duas Aale halt schtats huech!
Mät dam Wuinsche wäll ich schlüße.

Än Fröihjorsch Schpazürgang

Ich han mich eines schienen Taags
Im Feile mol erginn,
Dobie han ich ganz ungesucht
Sue mancherlei gesinn.
Duas Fröijohr wuar irscht korzk verhar
In's liebe Laand gezain,
Än jeder Busch, än jeder Schtruch
Hät grüne usgeschlain.
De Buuren wuaren schtark drbie,
Se ackerten un eiten,
Eu hän un wädder suag mer schunt,
Döi Fröikartuffel leiten.
Korn, Weißen, Garschen alles wuar

Guet derch dn Wöinter kummen,
De Bianen fungen höi un do
Schunt sachte uan sesummen.
De Summerfrucht ging einzel uf,
Me suag de grüne Schtriefen ;
De Veile, nun döi fungen schunt
Ganz muinter uan sepfiefen.
Duas nohe Hailz duas schimmerte
Eu hän un wädder grüne,
Un Mutter Sunn, döi machte nun
Zu allem guete Miene.
Ich ging mol nach dr Bienwaldsbank,
Dann röwer nach dn Hörnchen,
Ging witter dann am Hailze lang
Bis hän an's Leidenbörnchen.
Ich uaß än Happen, trunk höi mol,
Ging nach dn Tuaterkrize,
Inzwischen wuar de Sunn schunt huech
Un größer eu de Hitze.
Druf macht' ich nach än Schlänkergang
Hän nach dr Lampereichen,
Döi wuar vun düsser Schtelle us
Ganz schwinge seereichen.
Dach se wuar tuet un abgelabt
Verdorrt de Iaste, Zweige,
Kän einzig grünes Blaatchen mieh,
Es ging mät ehr zur Neige.
D'r dickste Baim einst wiet un breit,
Zernagt vum Zuahn dr Zieten;
Ha predgt uns nun Verganglichkeit,
Mich jammertes vun Wieten.
Es muß – höi zeigt sich's wädder kloor,
D'r schtarkste ungerliehe,
Un wann ha sinne Ziet gelabt,
Beschtimmt zu Gruine giehe.
Sue gitt's mät Aalen, eu mät uns,
Wie sülls eu annrscht waare?
Wann möi sinn aalt un obgelabt.
Do kunn se uns embahre. –
Ich ging dann witter, kuam ganz schnall
Nach Langel in de Schenke,
Trunk höi än Pfaffermöinzlikör,

Tuat dann de Schriate lenke
D'r Heimat zu. Vun Ebndorl
Do hurt ich's Dröielieten;
Ich ging dr Borke rien un wuar
Drheime ganz biezieten.
Es hatt' mich werklich Schpaß gemacht,
Tuat alles glich notüre
Un wu ich schräb dn letzten Riem,
Do schlug dr Seier Vüre.

Zu Richskanzlar Hitlers 44. Geburtstaage

Än Jubel gitt derch's ganze Vulk,
Dn Richskanzlar sall's geile,
Do dörfen höi in dr Vogtöi
Möi Kinge eu nich feile.
Möi fieren sinn Geburtstuag mät,
Un halen ehm de Schtangen;
Möi gröhlen Heil, wann alles gröhlt,
Mie äs nich se verlangen.
Höi han ich än Geburtstuagsschtruß,
Dan wumme ehm veriehre
Un schmücken sinn Bild drmät,
Duas wärd sich sue gehiere.
Wann ha eu keine Kinge hät,
Ha äs än Fröind dr Jugend
Un duas äs, wie uns allbekaant,
Mät sinne schünste Tugend.
Un kehm ha mol in de Vogtöi,
Do wörre Aiben mache,
Dann schunt dr klänste Wötzel höi
Schwärmt schtark fer sinne Sache.
Bcgcistcrt sinn se allesamt,
Besungersch dach möi Kinge,
Un deshalb äs dr Kanzlar eu
Mät uns de dückste Fringe.
Jetzt kimmt ha nich, muß in Berlin
Sich immer tüchtig schpute
Un wuas nun durtwärd usgehäckt,
Duas kimmt uns mät zugute.
Drim setz me unse Zuversicht
Uf ehn – han keine Bange;

Duas Ziel, wuas ha sich hät geschtackt,
Wärd ha ganz schnall erlange.
Nun schtimmt döi Kinge alle ein
In düsser Fierschtuine
Sue, daß es schallt bis nach Berlin;
Gröhlt lut us Harzensgruine:
Heil unserem Führer! Heil!

De dicke Annedorthe – see fingt de richt'gen Worte

Jüngst trifft emol ganz unverhofft
De dicke Annedorthe,
Wu se gitt hingerm Derf entlang
Dn Liehrer us dn Orte.

Ha grüßt se hübsch un schtorcht mät ehr,
Freit eu, wie es ehr ginge
Un dobie lenkt se ehr Geschprich
Gluat hän uf ehre Kinge:

„Besungersch, wuas dr Ailste äs –
(dr Liehrer muß schunt lache)
Us dam, schpricht see, duas äs än Hund,
Do lett sich wuas drus mache!"

„Das stimmt nicht ganz, dr Liehrer schpricht:
Was Sie da hier bekunden,
Der Hannjörch ist kein großes Licht,
Hat's Pulver nicht erfunden!

Soll Lehrer werden, wie ich hört',
Das grenzt an's Ungreifbare!"
„Irscht raacht nun, schpricht se ganz empört:
Dar Jung muß Liehrer ware!

Su'n richt'ger eintlich nich – ach nä,
Duas sinn sue liere Riaden,
Sue einr – ungefahr wie See,
Do simme schunt sefriaden!"

August, dr Pachvail

August wuar än schneid'ger Borsche,
Hat in Gutter änne Bruut;
Eu än ganz scharmantes Maachen
Un ha wuar ehr werklich gut.

Jeden Suintuag mät dr Buahne,
(Rädder guab's domols nach nich)
Fuhr ha hän bie sinne Lübste;
Wann ha kuam, do freit' se sich.

Es wuar immer nich sue einfach,
Ha mutt laife bis zur Schtuadt
Un wuar, wanne se erreicht hatt'
Manchmol schunt sue ganz maluat.

Einmol kuam ha vial zu fröiwe,
Änne Seierschtuine fast;
Dach ha trieste sich, un meinte:
„Besser, wie dn Zoog verpaßt!"

un ha satzt sich mittlerwiele
An de Böschung durt ins Gruas;
Doochte schtark an sinne Miele,
Wubie ha än Happen uaß.

Endlich pfäff dr Zoog – un August
Flitzte öwer de Chaussee,
Kuam nach raacht, un wuar zufällig
Ganz allein im Coupe.

Kaum wuar ha än Schtück gefuahren,
Hules nich ver Jucken us;
Um dan Schpaß se ungersüchen,
Träckte sinne Hosen rus.

Un ha fung zu sim Erstaunen,
Daß se ganz gestarrte vull
Homeisen – duas muint're Vülkchen
Rasch us allen Fugen quull.

August dach kunn sich gehalfe
Machte schnall de Hosen link;
Hät zum Fanster nus geschöttelt
Düsse kleine Biester flink.

Dach dr Wöind mät sinn Finessen
Hat duas Schpaaßchen eu erkaant
Un dn August wackgerässen
Fix de Hosen us dr Haand.

's Portmanai wuar eu mät flöten –
Un halb nackjt – wuas nun? O, weh!
Will in Siebach iengeschtägen
Nach zwei Maachen ins Coupe.

Döi han öwer luet gekräschen,
Wußten nich wie ehn geschinn,
Dann se hatten wuhl schunt manches,
Awer sue wuas nie gesinn.

August doocht an sinne Miele,
Macht än jummerig Gesicht.
Sinne Sorge: - (wull fast hiele)
Wuas wuhl döi noocht höizu schpricht?

Ruckte dichte in de Ecken,
Zarrt sin Hämm wiet öwer'sch Knöi.
Döi zwei Maachen heimlich dustern:
„Dar äs sicher nich vun höi!

Äs gewiß us Honolulu
Oder us dr Heiluanschtaalt!"
Ha denkt blueß an sinne Miele,
Alles annr lett'n kaalt.

Endlich hält dr Zoog in Gutter
Un döi Maachen schtiehen us;
Wun sich fast ver Lachen kullr.
August blöinzt zum Fanster nus.

Un ha saits dn Buahnveerschtieher,
Dar eu gluat Erbarmen hät
Un ehm eine obgeleite,
Wißkarürte Hosen gätt.

Miele döi äs vullr Freide,
Wu se ehren August sieht
Un biem Uanblick sinnr Hosen,
Hät se öwerluut gekrieht.

Dach ha hät ehr nischt verwaschen,
Wuas ehn hät dozu beweit,
Daß ha sue 'ne schicke,
Wißkarürte Hosen treit.

Schpöter forscht se hän un wädder,
Will se ehm sue hübsch geschtinn;
August dach hät's ehr verschwägen,
Äs schtats drümmerüm geginn.

Nun – sue oft ha fuhr bie Mielen,
Doochte eu an jene Qual
Un suaß schtats, schtatt an dr Böschung
Brittschebreit im Woortesual.

Häppetä

Möi hatten höi in dr Vogtöi
Än Mann – än wahres Unikum;
Darsalbe nun – dar huß Fritz Fröy,
Wuar goor nich ungeschickt, nich dumm.
Hat blueß an eigenort'gen Klapps
Un träb sinn Ulk mät jedermann;
Trunk jeden Tag än Liter Schnaps,
Eu nach wuas mieh, sue dann und wann.

„Häppetä" duas wuar sue schtats sinn Wort,
Sue hansen deshalb eu genaant
Un drüm wuar ha im ganzen Ort
Derchwack als Häppetä bekaant.

Krank wuar ha seilen mol gewaaßt,
Hul nischt vun sulcher Truckseröi,
Ha leit' sich dodrim nich in's Naast,
D'r Schnaps wuar sinne Arzenöi.

Duas hat geginn sue johrelang,
Dach, wu ha eilr noocht geworrn,
Do wuar ha werklich eu emol krank,
Macht' känne Facksen mieh un Schnorrn.
Ha wull bezwinge de Natuur,
Es wuar ehm förmlich schimpferlich;
Versuchte düs – un jene Kuur,
Jedach – es besserte sich nich.

Ha gleibte, ha wörr blueß erkullt,
Dach wu sich's goor nich annr wull,
Han se dn Dokter mol gehullt,
Dar wußt' nich, wuas ha saage sull.
Ha ungersuchten höi un do,
Verbuet zur erschte ehm dn Schnaps.
Fritz Fröy seit: Häppetä – jo – jo –
See han Herr Dokter wuhl än Rapps!

Do bän ich öwermorgen tuet,
Dann ohne Schnaps hal ich's nich us,
Schnaps äs möi nietiger wie Bruet,
Höi mache ich mich weniger drus!"
D'r Dokter warnte ehn un ging.
„Un morgen komm ich wieder her;
Nun lieber Frey in's Bette flink
Und Branntwein keinen Tropfen mehr!"

Tuags druf, örr Fritz es sich versinn,
Do trätt dr Dokter wädder rien
Un uf dn Tische hätt geschtinn,
D'r Kaffee un dr Braantewien.
D'r Dokter deshalb ganz empört
Schpricht: „Hier ist meine Kunst vorbei,
Denn so etwas ist unerhört;
Auf Nimmerwiedersehn – Herr Frey!"

Im Furtginn ruft Fröy hingerdrien:
Häppetä – krik eins de Schockschwiernuet,
Sue än puar Hiebe Braantewien
Döi machen än verdammt nich tuet!
Ich bliebe dr Battuln treu;
Dann wäll sich's dr Herr Dokter merke,
Daß ich dan Britsch – dan Kaffee eu
Nich kann sue trocken nien gelerke!"

Samel Zeng un's Gehäng

D'r Samel wuar än drullig Heft,
Hatt's Pulver nich erfungen;
Ha wuar, ging ha dr Schtroße lang,
Geutzt vum klänsten Jungen.

Bie sinr Dorthe, nun do mutt
Ha oft Schpißruten laife;
Ginge zur Schtuadt, mutt ha ferr see
Schtats düs – un jenes kaife.

Dach meerschtenteils broocht ha's verkiehrt,
's Gedachtnis wuar nich dichte;
Drüm öwer än gelung'nen Schtreich
Wäll ich, wie folgt berichte:

Mol gitt zur Schtuadt dar guete Mann
Un Dorthe schpricht: „Hier Samel,
Bräng hitte mät uns än Gehäng,
Am lübsten vun äm Hamel!

Loß dich vum Matzger eu zuglich
Bescheide, wie duas Frassen
Am schmackhafsten wärd zuberätt;
Dach nischt höivoon vergassen!"

See wuar im Derfe langst bekaant
Als aalr Schmammelrachen;
Ehr Muul hat, wie dr Mond än Hof
Vun all dan Lackersachen.

Zeng schtroomt än Manel Luaden ob
Un freit nach äm Gehänge.
Dann, brängt ha keins, gritt ha beschtimmt
Vun Dorthen sinne Sänge.

Do endlich hät dr Samel Glück,
Nach langen, langen Laifen
Biem Matzger Karl Hippius
Sue än Gehäng se kaifen.

Un wie de Dorthe ehm gesait,
Freit ha des Matzgersch Fraiwe:
Wie salbiges wärd zuberätt,
Daß sich's lett guet verdaiwe.

Un will ha sicher giehe wäll,
Sall see's ehm schriftlich gabe,
Dann, wann ha's ungerwag's vergeeß,
Do kinne wuas erlabe.

Wu see känn passendes Papier,
Känn Blöischtift kann gefinge,
Do nimmt se ehre Kriden har
Un duas gitt forchtbar schwinge.

Schriebt's einfach ehm ans Hosenbein,
Do kann ha's nich verliere
Un dann eu titt döi wiße Schrift
De schwarze Hosen ziere.

D'r Samel freit sich königlich,
Nun kanne lues getüppel;
Macht änne Schleifen in dn Schlunk
Un schteckt höiderch sinn Knüppel.

Huckt's uf de Schuilr un sipst lues
Heidi dn Schteinwaag nunger ;
Do kimmt än Huind, war weiß wie grueß,
Schnappt hän, zerrt's Krömchen runger.

Ha hingerdrien, sue schnall ha kann,
De Pusten wärd ehm alle.
Furt sinn Gehäng, un Samel Zeng
Kimmt dobie nach zu Falle.

Schpringt huech, un guckt sich muinter üm,
Do siehte derch's Gedränge
Nach flitze in dr Ecken rüm
Dn Huind mät sim Gehänge.

Wischt schnall's Rezapt vum Hosenbein.
„Wann ich's eu muß embahre,
Gröhlt ha – jetzt weiß dr Huind än Drack,
Wie's zuberätt muß waare!

Laif hän, dich han ich dach geprellt!"
Zeng wischt nach an dr Hosen;
Höibie beruiwigt feste schtellt:
„'s äs wack, wie wack geblosen!"

nur eins, duas plogt ehn ferchterlich –
Ha denkt an sinne Dorthe.
See severäppeln, kann ha nich,
Ha kimmt goor nich zu Worte.

Sue wuarsch eu, wu ha trätt ins Hus,
Äs ganz vertutzt, verlaagen,
Do packt nun sinne Dorthe us;
Ha hätt nischt brucht sesaagen.

See hätt ehn nich drzu gebrucht.
Hält's Mul mät dim Gehänge,
Schpricht see: bän vull bis ueben hän,
Mich wärd de Walt zu enge!

Nä, wamme sue än Dussel fröit;
Min Gott mag mich's vergabe.
Du wärscht im Laben nich geschöit,
Bist dümmer, wie än Schwabe!

Mich litt's im Liebe, wie än Schtein;
Wörr ich nur irscht geschtorben,
Vun jetzt ab schlof ich nun allein,
Bie mich häst du's verdorben!"

Karo als Retter us Geildnuet

D'r Matzger Mauff, dar hat zwei Bengel,
Zwei Schtiffte, keine Engel;
Se wuaren wie sich schpöter zeigt,
Zu dummen Schtreichen schtats geneigt.
D'r Meister wuar gefahrlich schtrenge,
Se krächten hän un wädder Senge,
Dach wann ha nur dn Rück verwaant,
Worrn schlaachte Schtreiche glich geplaant.

Se mutten wuhl fast alle Tuage
Fleischwuaren bie de Kunden truage
Un schtandig hät se höi beklät
D'r Karo – dar luf immer mät.
Ha wuar ehr treuester Begleiter,
Dach einmol wuar döi Sache heiter;
D'r Albert hät än Plan gefaßt,
Dar Fritzen nich sue richtig paßt.

Ha schpricht sue uf dn Heimewaage:
„Hier Fritz, ich muß dich jetzt wuas saage;
Du weißt dach wuas uns beiden feilt,
Duas äß duas niet'ge Geild.
Ferr mich än schwieriges Kapitel,
Han fast kän Krizer mie im Bittel;
Es sieht siehr nüchter drinne us,
Bän orm, wie änne Kärchenmus!

Un nachsten Suintuag nun do summe
Nach Ebendorl zur Kärmse kumme,
Dach ohne Geild do gitt duas nich,
Bis dohän schaff ich Root ferr mich.
Fritz, ich verklitsche jetzt dn Köter,
Su'n grueßen Schlapps, dan kaift än jeder;
Ich han mich schunt än Plan gemacht,
Do schlomme Geild – duas werr gelacht!"

„Ich han, schpricht Fritz, än wahren Gruiwe,
Dan Schtreich, dan war ich nich mät buiwe,
Ich kriehe sust de Schockschwiernuet,
D'r Meister schlött uns beide tuet!"
Dach Albert, dar schtreng druf beharrte,
Suag, daß zufällig uf dn Marte
'ne ganze Uanzuahl Buden schtinn,
Un äß schnurschtracks druf lues geginn.

Dn Karo führte an äm Schtricke,
Wäll schnall höi än drmät beglücke,
Ha lobt'n un ha priesten uan,
Dach gitt sue lichte keinr druan.
Nach langen Feilschen äß's gelungen,
Daß ha än Keifer hät gefungen,
Än Grünkroomhannlar us dr Schuadt,
Mät Gorken, Zippeln un Saluat.

Ha bingt dn Karo mät sim Schtricke
An's Budenbein, schpringt schnall zerücke,
Rühmt's Fritzen, daß, wie ha gedoocht,
D'r Schtreich gelungen un vullbroocht.
„Fünf Markerchen han ich im Fache!
Äß duas nich änne schiene Sache?
Dn Karo – Fritz beruiwig dich,
Dan krimme wädder, hiel nur nich!"

Kaum sin se links dr Schtroße ninger,
Pfifft Albert heftig uf dn Finger;
D'r Karo kennt dan Pfiff un schpitzt,
Im Nu – schunt kimmte uangeflitzt.
De Buden hätte ümgerässen,
Un uf dn Marte rümgeschmässen
All' duas Gemüse ungelain,
Wuas ziamlich wiet inhar geflain.

D'r Grünkroomhannlar sücht's Gemüse
Sesammen un schpricht ferr sich liese:
„Nä, nä, duas wuar än bischen schtark,
Min Krömchen furt un nach fünf Mark!"

Jedach ganz ielig sin döi Jungen
Mät ehrem Karo furtgeschprungen,
Derch dan han see jetzt Kärmsegeild,
Wuas ehn sue bitter hät gefeilt.

An minne Vogtöier

Kummt döi lustigen Vogtöier
Un schtimmt uan än heit'res Lüd
Sue, daß schnall wärd ufgemuintert
Allen Harz, Geist un Gemüt.
Wie de Ahnen einst gesungen
Wuhlgemut un sorgenfröi,
Sall's eu hitte nach erschalle
Wiet un breit derch de Vogtöi!

Sieht uch üm im wieten Kreise,
Freit uch öwer de Natur;
Rings döi dichte Buchenwaldung
Un döi sootengrüne Flur.
Böinter wie än Farbekuasten
Äß's Gelände rings geschmuckt
Sue, daß jedem schunt biem Uanblick
Fruhe duas Harz im Liebe zuckt.

All' döi Hügel, all' döi Tialr
Priesen Gottes Herrlichkeit,
Jeder Baim un jede Pflaanzen
Äß zum Danken mät bereit.
Un döi Meinschen, de Vogtöier
Sinn än arbeitssames Vulk
Eu, will see guet Schpaß vertruagen,
Schtark geneigt zu Witz un Ulk.

Aale Sitten, aale Moden,
Döi mät uns verwuachsen sinn,
Han sich lange höi gehaalen,
Un sinn nich sue schnall verginn.
Wamme nun im fruhen Kreise
Sinn vergnügt un sorgenfröi,
Lott uns singe, lott erklinge
Hall än Lüd uf de Vogtöi!

Schwarzgeschlacht

Im Waltkrick wuar duas Schwieneschlachten
Vun dr Behierde öwerwacht,
Trotzdam de Schtroofe siehr empfindlich,
Wuar hingenrüm vial schwarz geschlacht.

Dann wuarsch ferr türes Geild verschachert,
Wiet furtgefuahren – furtgeschuckt,
Manch guetem Fröine usgehulfen,
Dan schtark dr Hunger hät gedruckt.

D'r Christoph dach wuar nich sue ängstlich,
Bie ehm hat's immer guet geklappt,
De Polezöi wuar oft drhinger,
Dach han se niemols ehn geschnappt.

Ha wußte schunt dn Huind seleiten,
Versucht's uf düs – un jene Oort;
Verschtunk döi Sache hübsch setarnen
Un macht' dr Polezöi än Boort.

Mol hätte Wörschte, Fleisch un Schinken
Im Rullwain nach dr Schtuadt gebroocht,
Domät ehn keinr sull erwische,
Hat ha wuas Extraes erdoocht:

Ha schtülpte uf sin Achtzenzüllr,
Hät's schwarze Sachen uangezain
Un satzt sich mät betrübter Miene
Als Kutscher vorn uf dn Wain.

Im Waine hingen suaß de Tochter
Eu tüfbetrübt un schwarz geklädt;
Uf ehrem Gern än Kraanz, als wüll se
Salbstriadend zum Begräbnis mät.

Sue hät ha ohne jede Schtörung
Sin gueten Fringen wuas gebroocht,
Un äß biem schlausten Polezisten
Dach nich gerooten in Verdoocht.

Se wuaren alle uanteilnahmend
Wu döi Gesichter see gesinn
Un sin us Mätgefühl natürlich
Ehm us drwaage geginn.

Än annr hat sich loß erwische,
Dar blueß än Schüppsen kaalt gemacht,
Ehn hatte schunt am nachsten Tuage
De Polezöi gluat bie dr Fracht.

De Schtroofe wuar siehr huech bemassen,
Ha sull beriwel huinrt Mark
Ferr sue än kröpeligen Schüppsen,
Duas wuar ehm dach än linschen schtark.

Ha hat Berufung drüm erbaten,
Termin wuar korzk druf uangesatzt,
Dach verrhaar hat ha mät sim Fröine
Mol öwer düssen Kroom geschwatzt.

Dar sull als Schöffe mät funküre
Damnachst, wann dr Termin funk schtatt,
Weshalb ha schienbuar grueße Hoffnung
Un usnohmswiese Chancen hatt'.

„Du kast mich – meint ha: rusgerieße,
Ich mache es schunt wädder quitt,
Dann huinrt Mark äß etwuas haarig,
Siek zu, ab's nich ferr Drißig gitt!"

Un werklich wuarsch eu sue geworrn,
Wie ha sim Fröine hat geseit;
Ha dankt ehm, un hät dann vull Schpannung
Ehn öwer alles usgefreit.

„Jo, schpricht darsalbe: kast's gegleiwe,
Ich han gekämpft war weiß wie siehr,
Daß ich de drißig wull erlange,
's wuar nich sue einfach – es huul schwier!

Du siehst, me kann känn Fröind embahre,
Ich han wie än Ovkuat geschwatzt,
Sullst eintlich fröi geschprochen ware,
Dach ich – ich han mich derchgesatzt!"

Kingerkritik

De Grueßmutter, döi sitzt un schpinnt,
Ehr Enkel Paul, dar schpialt un sinnt –
Schpricht dann: „Hier har Grueßmutter Miene,
Ich gucke sue, un wuinr mich,
Dann du gefällst mich werklich nich;
Du bist eu nich än linschen fiene!"

„Ach goor, schpricht see: du bist wuhl krank?"
„Nää – dinne Nuasen äß zu lang;
Wam kann an suewuas nur gefalle?
Döi annr Fraiben – meine ich –
Han dach sue lange Nuasen nich
Un sin deshalb vial hübscher alle!"

„Loß hän Paul – ich hatt mich verwielt,
Wu se verteilt worrn – han gehielt,
Kuam vial zu schpööt, un mutt mich schaame.
Ich sucht, bläb bis zur letzte schtieh,
Dach Wiebernuasen guabs nich mieh,
Han drüm 'ne Mannsnuasen mutt nahme!"

„Grueßmutter jetzt verkohlste mich,
Wuas du do schprichst, duas gleib ich nich,
Suewuas kast du mich nich erziahle!"
„Nun, se beengen din Gefraage,
Do wäll ich nur de Wohrheit saage,
Daß du kast witter geschpiale!

Döi Nuasen, Paul – hier har – gäb acht –
Döi hät dr lübe Gott gemacht,
Drüm derf me jue nich dröwer lache!"
Höiruf schpricht Paul sue ganz ergrimmt:
„Grueßmutter – nää – wann duas nun schtimmt,
Looß möi vun dam nischt wädder mache!"

Albin un dr Kuckucksseier

In Nedendorl wohnt einst än Mann,
Vun dam me vial erziahle kann:
Ha trunk un sunk – ha sunk un trunk,
Bis daß ha schließlich hat genunk,
Schpialt' guet Klavür un wuar bekaant,
Wie'n buinter Huind im ganzen Laand.
Sin musekalisches Genie
Gereichte ehm zum Vorteil nie.
Verr zweien – dröien – nun ich wette –
Ging ha höchst seilen mol zu Bette;
Schtats heftig ins Gebat ehn nuahm
Sin Wieb, wann schpöt ha heime kuam.
Mol kümmte eu sue korzk verr vüren,
Do fängt see uan se ressenüren
Un schpricht: „Du treibst es doch zu toll,
Bist wohl schon wieder ziemlich voll!
Wo hast du dich denn rumgetrieben?
Wo bist so lange du geblieben?"
Wuruf ha ganz geloosen schpricht:
„So weit ist es doch gar noch nicht,
Denn 's hat noch nichtmal zwölf geschlagen!"
„Mann, lüge nicht, ich will dir's sagen:
Es schlägt gleich viere, wie ich meine
Und Lügen haben kurze Beine;
Tritt hier nicht bald 'ne Änd'rung ein,
Dann bist in Kürze du allein!
Ja, merk' es dir unkeuscher Mann,
Dann trage ich auf Scheidung an!"
Ha leit sich schtille in sin Bett,
Do hiabt dr Seier us un schlett
Nur vürmol – un glich hingerdrien
Setzt immer eu dr Kuckuck ein.
Jetzt denkt ha – döi sall dach nischt merke –
Un rüft nun in darsalben Schtärke
Nach uachtmol „Kuckuck" ungelain,
Als ob es zwälfe hat geschlain.
Un werklich hat derch döi Finessen,
D'r Albin sich erus gerässen.
See ziahlt un denkt – er hat doch recht
Und ist drum noch nicht ganz so schlecht,

Wie ich vorhin es hab gedacht. –
Schpricht druf: „Schlaf wohl und gute Nacht!"
Un nuahm derch dan gelung'nen Trick
De Scheidung reuevull zerück.

Än Universalmittel

Biem Laandwärt Josef wuar zur Ziet
De Wärtschaft guet im Schtaane,
Ha zug derchwack de schünste Frucht,
Trotz all' sim schtein'gen Laane.
Un eu sin Vöih wuar guet im Schuß,
Ha hat än hübsch Geschicke,
Eu an sim Glaiben hul ha fest
Als echter Katholike.

Schtung drüm eu mät dn Pfarrherrn guet,
Ging in de Kärchen fließig,
Wuas höi versiemt, wärd noochgehullt,
Dann ha suaß seilen müßig.
Mät einmol truat än Ümschwung ien,
Verhaxt worrn sinne Schtälle;
Sin schienr Vöihbeschtand derchwack
Wuar unfruchtbuar un gelle.

Ha hät sue allrhand versucht,
Än Zweiling zuart zerräbn,
Hät Korn gerießt, un dach es äß
Döisalbe Liern gebläbn.
Hät druf dn Türorzt ruan gezain,
Fast alles ufgebotten,
Jedach döi Siche, wie es schänn,
Wuar schwierlich uszerotten.

Do kimmt dr Pfarrherr mol ins Hus,
Dam schildert ha de Sache
Un schpricht: „Ich bän am Enge jetzt,
Weiß nich, wuas ich sall mache!"
„Nun gut, schpricht dar: „Ich werde mir
Den Fall mal überlegen
Und schließlich finden wir auch hier
Ein Mittelchen dagegen!

Ich werd' den Stall und all' ihr Vieh
Mit Weihwasser bespritzen,
Dies wird ohn' Geld – ohn' Müh'
Ganz sicher helfen – nützen!"
Un korzk druf hät ha's eu gemacht,
Wie ha dam Buur verschprochen
Un wue reide äß, meint ha:
„Dies wirkt – drauf kann man pochen!"

Etwa än Verteljohr drnooch,
Do hälte Uhrenbichte;
D'r Josef, wue derch drmät,
Muß gluat dn Pfarrn berichte,
Ab's Weihwasser gehulfen hät,
Ab's besser jetzt im Schtalle
Un ab de Köiwe wuinschgemaß
Nun trachtig wörrn alle?

„Ach jo, schpricht Josef: 's hät gewärkt,
Sue vial ich jetzt schunt siehe;
Zum Teil nach mieh, wie ich gewöinscht,
Duas muß ich iengeschtiehe.
Min ganzes Vöih fast uf de Rieh,
De Köiwe, Suiben, Zägen;
Gringst minne Kathrin muß höibie
Eu hua än Schpritzer krägen!"

Kullrwalsche Idiodismenrieme us dr Vogtöi.

Huech hal möi de Mutterschprooche
Immer nach in dr Vogtöi,
Dann se klingt – me sülls meine –
Nergends sue vertraut wie höi.

Derch de vialen Doppellaute,
Äß se schiene, awer schwier;
Dach deshalb do fällt se grade
Ganz besungersch ins Gehier.

Für den Vater schprach möi Vuater,
Für das Holz do saag möi Hailz,
Für die Kühe schprach möi Köiwe
Und statt stolz do simme schtailz.

Eine Sau äß änne Suiwe,
Unsern Garten nenn me Hof,
Der, der schlau ist, dar äß schluiwe,
Wer beschränkt ist, dar äß doof.

Für's Reibeisen saag möi Faanzen,
Und statt Blei do güß me Blöi,
Für die Wandlaus schprach me Waanzen
Und statt Brei do aß me Bröi.

In dn Schinnerrn wärd gedroschen,
Unse Misten wärd gekiahrt,
Eine Peitsche nenn möi Göschel,
Un dr Buur schnappt, wann ha fiahrt.

Fier möi Kirchweih, hamme Kärmse,
Suintuag, wenn es Sonntag ist
Un wann möi Geburtstuag fieren,
Fuahr me in dr Regel Mist.

Für die Fußbank schprach möi Hitschen,
Seier schprach me für die Uhr,
Wuas bie uns heißt Schtrick un Siemen,
Äß biem Schtaadter eine Schnur.

War mol öwern Dorscht getrunken,
Gilt biem Schtaadter als bezacht,
Bie uns heißt's: „'s Schwien äß besoffen!"
Äß dar Usdruck nich geracht?

Suuremerschgen nenn möi jene,
Döi kaum 's Lücht dr Walt erblickt,
Ginn de Wieber hitte schpälle,
Wärd anstatt geschpunn – geschtrickt.

Wamme schlachten wärd gebacken
Schtats Süßkuchen in dr Jitn,
Unse Körbe sin gewöhnlich
Nicht aus Weiden sundern Widdn.

Unse Kinge, wann se talmen,
Nun, do sin se raacht fidel
Un de Mannr, wann se qualmen,
Machen de Wieber garn Krakeel.

Zum Gedenken Vetter Christel Triatschuchs

Ich hat än Vetter öwerlaand,
Mät dam do wuar guet schmusen,
Vun Ebendorl wuare nich,
Wuar Schmiad in Opperschusen.

Möi Jungen garn bie ehn
Ha wuar än werklich Guter
Un hul uf unse Fröindschaft vial,
's wuar Mutters einz'ger Bruder.

Wuar eu siehr tüchtig in sim Fach,
Wie me wuhl nich sue schwinge
Bie uns un eu höi krönzterüm
Än Zweiten kunn gefinge.

Ha hat sich trotz dam klänren Ort,
Dach ziamlich huech geschwungen;
Hät immer, will ha tüchtig wuar,
Schtats Arweit suat gefungen.

Guil eu in dr Gemeine vial,
Un wuar gut uangesinn;
Ging in de Kärchen oft un hät
Gut mät dn Pfarrn geschtinn.

Mol hät ha's extra guet gemeint,
Brängt ehm än Korb vull Biaren;
Dach Paster Kunze schtäwelt sich,
Versucht se obsewiahren.

„Herr Trittschuh, das verlang ich nicht
Die kann ich nicht annehmen
Und so'nen ganzen Korb voll gar,
Da müsste ich mich schämen!"

D'r Unkel schpricht: „Ich hiel nich drüm
Wann See se nich wunn asse,
Do mussen se – es kimmt nischt üm
Dann unse Schwiene frasse!"

Ha wuar eu mät biem Kärchenroot,
Hät viales höi moniert;
Nuahm verr dn Pfarrn känn Bluat fersch Mul
Hät niemols sich schinniert.

Wu Kunze dann gekündigt hat,
Wuar korzk druf änne Sitzung
Un alle worren nun höibie
Gerooten in Erhitzung.

D'r Unkel hat de Ruiwe wack
Un sait: „Hat keine Bange,
Wann dr Herr Kunze nich mie wäll,
Muss me uns än annrn lange.

Dann iewig bruch me nich se harr'n,
Wanns usgeschräben wärd;
Möi krinn dach lichter höi än Pfarrn,
Als wie än Schwienehärt!"

Un will duas bie ehm alles schtats
Äß schpasshaft rus gekummen,
Äß dr Herr Paster niemols eu
Ehm öwel hät genummen.

Un ich, ich hann min Zwack erfüllt
Daß derch döi Schnelln un Schnorrn
Min Vetter Christel, darsch verdient,
Unschtarblich äß geworrn.

Än gefahrliches Tier

D'r Rekter Rehbein hät erzahlt
Sinn Kingen vun dan Tieren,
Döi ferr uns oft gefahrlich sinn
Un deshalb intressieren.

Zum Glücke wörrn se bie uns höi
Vereinzelt nur vertraten;
Vial schlämmer wörr es allbekaant
In öwersi'schen Schtaaten.

De Klapperschlangen usnohmswies
Nennt ha als siehr gefahrlich;
Wann döi än bißt, dar schterbt beschtimmt
Un duas äß licht erklaarlich.

See hät än huechprozantig Gift,
Wuas se kann iengeschpritze
Un daß höi jede Hilfe wörr
Sue vial wie goornischt nütze.

Wu ha nach düs un duas geschtreift,
Schpicht ha: „Nun möchte ich fragen,
Wer von euch kennt was ähnliches
Bei uns hier, mag mir's sagen!"

Do meld' sich Probst, dar kleine Worch
Un schpricht: „Ich weiß's – dr Klapperschtorch

Frisch vun dr Lawer – us salbstgemachten Erfuahrungen

Ganz nackjt un barbs satzte dr Schtork
Sue ohne jegliches Geschröi,
Genau uf Kärmseheiligoppt
Mich söbzig ob in dr Vogtöi.

Ich kräsch un gröhlte kolessal,
Han förmlich mich drquar geschtemmt;
Es wuar mich alles ganz egal,
Dann üm mich rüm wuar alles fremd.

De Iewetee, döi fulgte mich,
Leit mich bie Muttern dann ins Naast;
Jo, gleibt michs odder gleibt michs nich,
Bän salber dach drbie gewaast.

Un wu ich hierte, es werr Krick,
Do bläb mich gluat dr Odn schtieh.
Ich uahnte glich min Missgeschick,
Mich tuats in alln Gläddern wieh.

Ich hatte eigentlich de Walt
Mich etwas annrscht veergeschtaalt
Un suewuas Schrackliches, wie Krick,
Drüm öwerhaupt nich mätgezahlt.

Jo, jo – sue wärd me uangekielt,
Verrhaar erfiahrt me suewas nie;
Wußt ich's, ich hatte mich verwielt,
Bis dass dar alber Krick verbie.

D'r Meinsch äß än Gewohnheitstier,
Sue wuar es schließlich eu mät mich;
Me wiachst eruan un fügt sich schier,
Es blibt sich je eu förmlich glich,

Ab sue, ab sue, me worschtelt mät
Me wärd dach nie wurüm gefreit;
Wamme nur immer 's Niet'ge hät
Un alles rifflich öwerleit,

Domät me nich drnaben tappt,
Raacht hübsch im Gleise witter fiahrt,
Dann äß me fruh, wann alles klappt
Un wamme redlich sich erniahrt.

Biem Fröien noocht heißt's ufgepaßt,
Dass me de richtige eu tatzt;
War höibie schtark drnaben fasst,
Dar äß erledigt un verratzt.

De Fraiben han gaarn 's letzte Wort.
Nun, duas werr eu nach 's schlämmste nich.
D'r Mann lübt möglichst immerfurt
Dn Friaden – un drüm fügt ha sich.

Su'n Wieb, duas wärd gewöhniglich
Verwiahnt, gelübt, trotz Wieh un Ach,
Kimmt danooch einr Zippel glich,
Me hielt drbie un ißt se dach.

Es äß je seilen mol än Hus,
Wu's werklich nischt se tadeln gätt,
Wu immer eins wie's annre blueß
Direkt döisalbe Meinung hät.

Dach zerren beide an äm Schtrang,
Un eins sich hübsch ins annr fügt,
Keins wuas Unmögliches verlangt,
Dann klappt es eu – un duas genügt.

Sue nach dr Hochze allbekaant
Gitt eu duas Kingekrien lues;
Biem Erschten äß sue verr dr Haand
De Freide allenthalben grueß.

Dach wann dr Schtork noocht öftersch kimmt
Un schlappt ins Hus su'n nackjten Wicht;
Biem Zweiten, Drätten ganz beschtimmt
Gätts meistens schunt än scheib Gesicht.

Eu düsses schnall verröwer gitt, -
Se wuachsen ruan, se waren grueß
Un örr me sich es nur versieht,
Do äß me schunt alle wädder lues.

Sue gitt duas bißchen Laben hän,
Im Nu äß alles schunt verbie.
Me äß eu, err me nur druan denkt,
Goor salber an dr Rieh.

Un blickt me dann emol serück
Un zöiht eu glich de Bilanz drus,
Ich gabe Brüf un Siegel druf:
Döi fällt fast immer klaglich us.

Dann Krick un Krick un wädder Krick
Un dann eu schließlich extra nach
Sue düs un jenes Missgeschick –
Nun jo – un duas genügt ehm dach.

Daß me sich salber fraje möcht':
„Wuzu bist du höirüm getappt
Un häst dan annrn üm dich rüm
De Luft un sustwuas wackgeschnappt?"

Minn Eltern schuld ich werklich Dank,
Daß se mich han erzain, erniahrt,
Han mich gefleit, wann ich wuar krank
Un jedes Unheil obgewiahrt.

Dofeer, dass see gesatzt mich hann
In düsse Walt vull Krick un Nuet,
Wuvoon mich niscbt erliese kann,
Wie nur dr Tued – wie nur dr Tued,

Höifeer mich nischt zu Dank verpflicht't,
Es werr eu ohne mich geginn;
Hatt' uf döi Walt ganz garn verzicht't;
Ich hatt' se löwer nich gesinn.

Gueter Root äß türe

Än Matzger kimmt zum Rachtsuanwalt
Un denkt: - jetzt biste schluiwe –
Ha brängt drüm sinne Worte uan
Mät größter Sielenruiwe.

„Herr Rachtsanwalt, wie äß an duas,
Ich han mich loß beschtahle
Un weiß nun ferr dr Haand nich glich,
An waan ich mich muß haale.

Mich hät su'n Bernhardiner Huind
Geklaut än Kalbesbrooten
Un möchte garn hiere mool,
Wie see mich do berooten?

War treit dan Schuaden höi? Es äß
Eu werklich kän geringer."
„Nun stets sein Herr, denn dieses lehrt
Uns schon der kleine Finger!"

„Herr Rachtsanwalt, ehr eigner Huind
Wuarsch, dar dan Schtreich verbrochen
Un see han jetzt - es tüt me leid –
Ehr Urteil salbst geschprochen!"

„Das ist egal, denn das Gesetz,
Es wäre ja zum Lachen –
Kann auch mit mir, mit Hinz und Kunz
Hier keine Ausnahm' machen!

Ich zahle ohne Weigerung,
Falls sie mein Hund bestohlen!
Wie viel bekommen sie von mir?
Sag er's nur unverhohlen!"

„Ich bän nich unverschaamt – fünf Mark!"
Nun ja, das läßt sich hören;
Hier liegt das Geld und ich werd' mich
Tatsächlich nicht beschweren!"

Am Johresschluß kimmt derch de Post
Än Muahnbrüf vum Ovkuaten:
„Zehn Mark für Auskunft Hund und Fleisch"
Mät domoligen Duaten.

Jo, gueter Root äß türe jetzt,
Un hullt dr Huind dn Brooten,
Do mußte in dr Looge sieh,
Dich salber seberooten.

D'r Kunfermand vun Eirädn

Me hiert sue immer allrhand,
Wu me muß werklich lache
Un wuvoon sich lett ganz charmant
Raacht schnall eu än Gedichtchen mache.
Drüm war möi eu goor nich lange sinne
Un allsueglich drmät beginne.

D'r Schülr Hühn wuar Kunfermand,
Dumm, wie me seilen än gefungen;
Gull in ganz Eiräden langst
Als dr Beschränkste vun dn Jungen.
Kunn kaum gelase un geschriebe,
Mutt deshalb immer sitze bliebe.

De Kunfermandenschtuine hät
Ha schtats besucht ganz unverdrißlich,
Kuam höi dach abenfalls nich mät,
Duas argerte dn Pfarren schließlich,
Drüm äß dar, err se sich's versinn,
Zu Alberts Mutter mol geginn.

Döisalbe äß ganz vullr Schrack,
Wu see dn Paster sieht vun Wieten;
Es blibt ehr fast dr Odn wack.
Wuas wäll dar bie uns ormen Lieten?
Ha klopft, trätt ein –,,Gut'n Tag Frau Hühn,
Ich komme heute mal zu ihn'n!"

Ihr Sohn der macht viel Sorgen mir;
Ich möchte oft darob verzagen;
Sie können ja hier nichts dafür,
Doch muß ich's ihnen leider sagen,
Dass ich nach reiflichen Zensieren,
Denselben nicht kann konfirmieren!

Kein einziges Gebot kennt er,
Ist in der Bibel unerfahren.
Er ist – es fällt ihm alles schwer –

In Glaubenssachen nicht im Klaren,
Sonst wenigstens doch wissen müßt,
Daß just der Heiland gestorben ist.

Druf schpricht Frau Hühn: Kritzsapperluet,
Wuhaar sall wisse duas min Sohn?
Do äß dar guete Mann eu tuet,
Höi hier ich's erschte Wort drvoon;
Keins hät eu wuas gesait ferr mich!
Will möi im Hingerhuse wohnen,
Erfiahrt me aben suewuas nich!

Wie sich August derch de Dachrinn taische lett

Zwei aale, guete Kriegskamruaden,
Döi sich seit Johren nich gesinn,
Sin Galljohrmart – de Ziet erlaibts –
Mol beide in de Schtuadt geginn.

Am Blobach han se sich getroffen,
De Freide wuar natürlich grueß;
Wu see dn Schwinsmart han beschnankert,
Do ginn se mol sesammen lues.

Duas Wäddersinn wun se begieße,
See landen deshalb in dr „Sunn"
Un han sich höi – 's Bier schmackt vertrafflich –
Des Gueten schnall zu vial getunn.
Dach Martin schpricht: „Es reint je drussen,
Möi trinken ruiwig nach än puar!"
Fröind August äß duas eu sefriaden,
Will ha känn Schpialzerbracher wuar.

Se trinken witter, 's wärd schunt duuster,
Duas Bier duas triebt – ha muß mol nus;
Dach kimmt un kimmt ha goor nich wädder
Un blibt war weiß wie lange us.

Druf Martin schpricht: Kanns nich verschtiehe
Hät August dann Malleer gehat?
Dar mutt dach langst serücke siehe
Nä, sue än Karl – ich bän ganz platt.

Ha äß zwar ziamlich uangeheitert;
Su'n aalr Krieger – 's wörr gelacht –
Dar wärd dach wuhl kinn mieh vertraage.
Muß schnall mol gucke, wuase macht.

Wu Martin nus kimmt, do schtitt August
Dicht mät dr Schuilr an dr Waand;
De Dachrinn, döi hübsch ruuscht ümklammert
Ganz krampfhaft mät dar einen Haand.

Na, na – bist du an nach nich reide?
Do schtimmt dach ergend etwuas nich!
Du schtist höi schunt 'ne halbe Schtuine,
Ich wuar sue ganz besorgt üm dich!

„Ach Martin – hirschtes dann nich ruusche?
Es leift un leift – kritzschockschwiernuet;
Hiert's nich bal uf, do gieh ich flöten,
Es wärd min Letztes – 's wärd min Tued!"

„Verr Lachen kinn ich jetzt geplatze,
Schpricht Martin: August, wuas sue fluutscht,
Äß nich vun dich – Köind öwerzeug dich –
De Dachrinn äß's, döi leift un ruuscht!

Höi kinnst du morgen nach geschtiehe,
Un's reint – duas Ruuschen hiert nich uf;
Kumm rien dar Akt höi äß zu schpaßig,
Do trink me jeder nach än druf.

Än junger Fulpelz un de Rentenzuahlung

Wuas gätt's dann in dr „Sunn" sesinn?
Es sinn'r viale hän geginn,
Eu meist schunt huechbetagte Liete;
Sait nur, wuas sall an duas bediete?
Will ich nun siehr nöigierig bän,
Doocht ich – höi giste eu mol hän.
Guckt eins, do sitzen hübsch bienann'r
Än haifen Fraiben un eu Mann'r;
Eu welche schtnn un bilden Schlangen
Un wie es schient, goor Geild empfangen.

Ich doocht – duas äß ne hübsche Sache,
Duas möchste eu gaarn mätgemache;
Bän zwar nach jung un eu nich krank
Un passe eintlich nich drmank.
Ich schtaalt mich trotzdam hingenuan
Un endlich, wuar ich druan.
Jo Kuchen – ich hat dach känn Glück,
Döi Fraibe wäß mich parsch zerück
Un meint: „Ihr Personalausweis
Mein Herr!" Mich lufs ganz heiß
Fern Kopf un sait: „'s äß halbsue tulle,
Dan kann ich schwinge dach gehulle!"
„Und dann ist auch vor allen Dingen
Ihr Rentenschein gleich mit zu bringen!"
Jetzt wuar ich awer dach am Enge
Un sait: „Dan kann ich nich gebränge,
Dann sue än Schien – duas weiß ich glich,
Dan han ich nich, un kenn ich nich!"
Wu kamme an sue än Wisch empfange,
Do war ich morgen mich än lange?"
„Mein Lieber nein, so geht das nicht,
Hier ist die erste Bürgerpflicht,
Dass man zeitlebens übersatt
Gearbeitet und gesteuert hat,
Dann kann man auch mit stehen Schlangen
Und seine Rente hier empfangen;
Nur eines ist noch Vorbehalt,
Dass man ist fünfundsechzig alt.
Nur Kranke sind hier ausgenommen,
Die können oft schon früher kommen.
Nun los – laß er sich nicht verdrießen,
Dann kann im Alter er genießen,
Was in der Jugend er gesät;
„Dann war ich mich suefurt verdufte
Un taglich immer feste schufte."
Un dann eu ubendrien nach schließlich
Prompt Schtieren zuahle unverdrießlich,
Dann sue'ne wuinerbaare Sache,
Möchte ich zu gaaren mät gemache;
Han zugeguckt un mich gewuinnert,
He krächten achtzig, nöinzig, huinert,

Oft mieh - nur äß mich's ufgefallen,
Dass keins sich hät bedankt vun allen;
Hann einfach's Geild sue iengeschträchen
Un sich ganz wortlues un ohne Dank
Sin furtgeschlächen.

Salbstbeluhnung

Ernst Sell gitt heime us dr Schtuadt
Ganz schtailz zu Fuß, äß siehr maluat,
Ha hät verziahrt 'ne wuarme Worscht,
Deshalb quialt ehn än riesen Dorscht.
Zum wahren Glücke kimmt in Sicht
D'r Guinzelhof – weshalb ha schpricht
Sue verr sich salberhän im Ginn:
„Will doch mal seh'n, wie stark ich bin
Und ob ich mich nicht kann bezwingen;
Nun, hoffentlich wird mir's gelingen,
Daß ich kann selber mir verwehren,
Heut' in denselben einzukehren!"
Baal äß ha do eu uangekummen,
Un, wie'e sich's hät veergenummen,
Gitt ha ganz schtandhaft, wie nach nie
Schtracks an damsalbigen verbie.
Äß freidig, dass es ehm gelungen,
Un dass ha salber sich bezwungen,
Macht schleunigst kehrt und schpricht ganz sacht:
„Sieh Ernst, das hast du brav gemacht
Und weil du ohne Federlesen
Nun heut so standhaft bist gewesen,
Sollst du als Selbstbelohnung schier
Gleich trinken ein'ge Schoppen Bier!"
Gitt nien – schmisst schtailz sich in de Brust
Un trinkt nun nach vial mieh wie sust.

Höi sieht me än raacht braven Mann,
Dar salber sich beherrsche kann
Un glich drveer beluhnt alsdann.

De Ventelation.

Verr Johren wuar än Kanter höi,
dar ging, kunn ha's erlaiwe,
sue in dr Regel nachmittuags
schpaziere mät dr Fraiwe.
Mol ging se, will's raacht dorschtig äß
hän nach dn nachsten Orte
un kiehren in dr Schenke ein,
de Wärten döi huß Dorte.
See grüßt se fröindlich un se drückt
raacht harzlich ehn de Hänge;
see nahmen Platz un loßen sich
zwei Flaschen Sprudel bränge.
De Schtobbn äß geknackte vull,
de Luft äß ziamlich dicke,
es wärd geraucht nach Harzenslust,
me kann kaum derch geblicke.
Dn Kanter, dar an Asthma litt,
dam wäll duas nich behage,
ha rüft de Wärten an dn Tisch:
„Ach bitte – eine Frage –
Wie ist's denn mit Ventilation?
Ich würde es sehr begrüßen,
auch meine Frau wird sicher sich
dem Wunsche mit anschließen!"
De Dorte denkt – wuas meint dar wuhl?
Dach sicher wuas seassen;
nun – Zippelworscht, döi hamme nach
in ziamlich grueßen Massen. –
See gitt druf röwer an dn Tisch
un schpricht sue ganz verlaagen:
„Herr Kanter, nun – es tütt me leid,
vun dam, wunooch se fraagen,
hät Julchen 's Letzte furt verkaift,
wie ich sueaben siehe,
dach schiene, frische Zippelworscht
döi kunn se nach gekriehe!"
Dr Kanter freilich lacht un schpricht
ganz im geloßnem Ton:
„Was sie empfehlen will ich nicht,
ich wünsch' Ventilation;
begehr nicht Wurst- noch Zwiebelduft;
ich möchte nur reine frische Luft!"

Das nachstehend abgedruckte Manuskript von Heinrich Erdmann wurde 1953 verfasst und anlässlich einer Baumpflanzung in seinem Garten von ihm vergraben und wurde im Juli 1990 bei Schachtarbeiten wieder aufgefunden.

Das Manuskript in die lateinische Schrift übertragen

Oberdorla 8. April 1953

Weil es mir immer gut gefiel, wenn Birken im Garten zwischen den Obstbäumen stehen, habe ich auch und zwar in meinem 83. Lebensjahre diese beiden Birken gepflanzt. Falls dieselben mal gefällt werden und ihr diese Flasche öffnet, wißt ihr genau, wie alt dieselben sind und wer sie gepflanzt hat.

Unser deutsches Reich ist seit Beendigung des Krieges 1945 durch die Russen gespalten worden in eine West und eine Ostzone. Die Westzone hat ca. 48 Millionen und die Ostzone, welcher wir leider angehören, nur 17 Millionen Einwohner und wird von den Russen kommunistisch verwaltet. Die beiden Zonen werden getrennt durch einen 5 km breiten Streifen, zum teil sogar durch Stacheldraht. Unser nächster Grenzübergang ist zwischen Groß- und Altenburschla. Letzteres liegt in der Westzone und seine Bewohner können leichter und schneller nach Frankreich, England oder Amerika kommen, wie zu uns nach Oberdorla. Der Sperrgürtel ist von den Russen angelegt worden.

Hoffentlich liegt Oberdorla, wenn dieser Inhalt gelesen wird, wieder in einem einigen deutschen Reich. Täglich laufen, wo es am leichtesten geht, in Berlin ca. 1500 Personen aus der Ostzone in die Westzone über und werden alle gut aufgenommen und versorgt.

Herzlichen Gruß an alle Vogteier
von Heinrich Erdmann
Heimat- und Mundartdichter.

Fritz und Klaus

Sieben tolle Streiche zweier verwogener Dorfschlingel

von
Heinrich Erdmann

Oberdorla, im Oktober 1937

Vorwort

Meister Busch hat einst geschrieben von den Streichen – von den sieben, die, was sich wohl kaum gebühret, Max und Moritz ausgeführet.
Doch wir alle aber wissen, wie sie haben enden müssen; mussten, was uns könnt' verdrießen, beide mit dem Leben büßen. Solche doch, wie jene Brüder, finden wir auch heute wieder, nur, dass sie mit ihren Streichen ab von Max und Moritz weichen und noch eins – hört's im Voraus: „Diese heißen Fritz und Klaus!"
Was nun diese beiden Rangen dreist vollführt ganz unbefangen, soll dies Bilderbuch verkünden, voll aufdecken all die Sünden, die sie heimlich ausgeheckt und dann immer gleich vollstreckt. Schabernack ward stets ersonnen, schon, wenn kaum der Tag begonnen. Haben völlig ungeniert ihren Lehrer gar blamiert; sollten, anstatt ihn zu kränken, mal an ihre Zukunft denken; seine Lehren voll erfassen, ihre dummen Streiche lassen. Sich an ihm ein Beispiel nehmen und zu Bess'rem sich bequemen. Warnen möchte ich euch ihr Kinder: „Macht es nicht wie diese Sünder!"

-:=:0:=:-

Oberdorla, im März 1955
der Verfasser

Erster Streich

Dass längst legen die Vogteier
großen Wert auf Hühnereier;
sorglich ihre Hennen pflegen,
dass sie fleißig Eier legen;
auch nur halten solche Rassen,
die für hies'ges Klima passen,
seh'n wir g'nau an der Frau Meyern
gackerlust'gen, munt'ren Schreiern.
Fritz und Klaus gut eingeweiht,
wussten längst hier schon Bescheid.
Also gleich mit Leib und Seele,
sorgten sie für ihre Kehle,
klauten drum bei der Frau Meyer
stracks vom Nest die Hühnereier.

Denn da, wo sie in der Tenne
gackern höreten die Henne,
kletterten sie mit Pläsier
rups, raps über das Spalier.
Und die frisch gelegten Eier,
die auch heute ziemlich teuer
noch ganz warm, mundrecht zum Naschen,
schnell verschwanden in den Taschen.

Bald d'rauf tranken Fritz und Klaus
hinterm Haus dieselben aus.
Hierzu stachen mit 'ner Ahle
sie zwei Löcher in die Schale
und dann – ja, nun staunt und hört:
als die Eier ganz geleert,
füllten mit geschickter Hand
sie dieselben nun voll Sand.
Brachten sie behend und schnelle
wieder hin zur alten Stelle,
wo bald holte die Frau Meyer
flink vom Nest die Hühnereier.

Dem Gemahl hat sie versprochen,
ein'ge Eier heut zu kochen
und bald steh'n sie gar und frisch
vor ihm auf dem Mittagstisch.
Meyer, in gewohnter Weise
nimmt ein Ei und schneidets leise
samt der Schale in zwei Teile;
schnell entfliegt gleich einem Pfeile,
Sand demselben kreuz und quer
über's ganze Essen her.
Auf dem schönen Kalbesbraten,
der so wunderbar geraten.
In der Suppe, im Salate,
überall, o jammerschade
Sand – und nichts hat man genossen,
beide sind darob verdrossen,
streiten sich der Hühner wegen,
dass die solche Eier legen.

Aufgeregt gelobt Frau Meyer
hoch und teuer, dass die Eier
ganz bestimmt und ohne Frage
frisch gelegt am gleichen Tage.
Kann's noch immer nicht versteh'n,
wie nur solches konnt gescheh'n.
Meyer möchte doch seinem lieben
Frauchen gern die Schuld zuschieben,
weil sie hätte Kalk und Sand
mit zur Fütterung verwandt.
Doch Frau Meyer mit Geschick
weist den Vorwurf barsch zurück:
„Seht, wie schlau die Männer sind,
sicher weiß fast jedes Kind,
dass, wenn dünnbeschalt die Eier,
nur hilft Kalk und Sand – Herr Meyer!
Nicht durch Nörgeln und Protest,
dieser Fall sich lösen lässt;
ich bin hier nicht schuld gewesen,
niemand kann dies Rätsel lösen!"
Doch die Schlingel Fritz und Klaus
Hecken neue Streiche aus.

Zweiter Streich

In der Schule gab's oft Senge,
denn der Lehrer, der sehr strenge,
hatte längst es eingesehn,
(Ihm konnt' selten was entgehn)
daß mit diesen beiden Rangen
gar nicht viel sei anzufangen
und dass sie zu schlechten Streichen
niemals fänden ihres Gleichen.
Ja, die ganze Klasse war
ungefähr seit einem Jahr
ganz aus dem Konzept heraus;
schuld dran waren Fritz und Klaus.
Peinlich war's dem Lehrer Triebel
der in allem sehr penibel;
stets in seinem Tun und Treiben,
ob im Lesen, Rechnen, Schreiben,

immer streng, gut auf dem Posten,
ließ sich's reichlich Mühe kosten.
Auch liebte er zu jeder Zeit
Ordnung sowie Pünktlichkeit,
was nun Fritz und Klaus die beiden
ganz und gar nicht konnten leiden.
Also ward ein Streich erdacht,
der dem Lehrer Ärger bracht.
Regelmäßig jeden Morgen
ging derselbe, um die Sorgen,
die ihn drückten, zu verlieren,
eine Stunde lang spazieren.
Dieses nutzten Fritz und Klaus
einmal ganz besonders aus:

Wo Frau Triebel schläft noch immer,
schleichen heimlich sie ins Zimmer
dreh'n die Wanduhr tick, tack, tick,
schnell ein ganzes Stück zurück.
Gehen schnurstracks beide dann
in die Schule nebenan.

Und der Rohrstock des Herrn Triebel,
der für sie ein läst'ges Übel,
wird in Tinte eingetaucht
und bis oben voll gesaugt,
dass er, falls sie Haue kriegen,
soll in tausend Stücke fliegen;
denn, 's war kaum ein Tag im Jahr,
der für sie ohn' Strafe war.
Nach dem Streich der beiden Sünder
kommen auch die andern Kinder;
alles da zum Unterricht,
aber nur der Lehrer nicht.

Dieser, wo er kommt nach Hause
und tritt in seine Klause,
spricht Frau Triebel: „Hast noch Zeit,
's ist noch lange nicht soweit.
Erst in einer halben Stunde!"
Drauf macht er noch eine Runde
und kehrt nun, als soll's so sein,
schnell mal in der Schenke ein.

Bald schon kommt, kann kaum noch schnaufen,
seine Tochter angelaufen;
ganz bestürzt schreit sie: „Papa,
komm, der Schulrat, der ist da!
Voll die Klasse, voll die Bänke
und du sitzest in der Schenke.
Auch sieh da, die Turmuhr zeigt
gleich halb neun!" Der Lehrer schweigt –
denkt, wie kann das möglich sein?
Überzeugt sich - gleich halb neun.

Solches war ihm ganz fatal
und im Leben 's erstemal.
dass die Schule er versäumt,
so was hat ihm nie geträumt.
War voll Ärger, voller Scham,
weil der Schulrat grade kam.
Musst sich immer wieder fragen,
dass die Uhr so konnt' versagen,
die doch schon so viele Jahr
ständig zuverlässig war.
Fritz und Klaus die Lausejungen
lachten, dass der Streich gelungen.
Und am nächsten Tage dann,
sahen sie's dem Lehrer an,
dass nach gest'riger Debatte,
er noch schlechte Laune hatte.

Doch die Brüder Fritz und Klaus,
machten wenig sich daraus.
trieben trotzdem unverdrossen,
wie gewöhnlich ihre Glossen
und sie waren selbst dran Schuld,
dass gerissen die Geduld
ihrem Lehrer. Er wollt' hauen,
mit dem Rohrstock sie verblauen,
welcher bei dem ersten Schlag
gleich in tausend Fetzen brach.
Denn nach jener list'gen Finte
war zermürbt er von der Tinte,
und so gingen Fritz und Klaus
folglich ohne Strafe aus.
Beide nun im stillen lachten
und bald neue Streiche machten.

Dritter Streich

Frühjahr ist's, geschickt und wacker
pflügt der Bauer seinen Acker;
munter stampfen seine Pferde,
sichtlich dampft die braune Erde.
Furche er an Furche pflügt,
Scholle sich an Scholle schmiegt.

Elf Uhr reitet er nach hause,
nötig ist die Mittagspause,
dass die Pferde Ruhe haben,
sich an Heu und Hafer laben.
Doch den Pflug, weil's schnell soll gehen,
lässt er auf dem Acker stehen,
auch die Lade steht dabei,
beides hübsch in einer Reih'.
Barfuss kommen Fritz und Klaus,
wollen auch auf's Feld hinaus;
ihrem Vater Essen bringen,
froh ein munt'res Liedlein singen.
Wo sie Pflug und Lade sehn,
bleiben beide plötzlich stehn
und, da alles unbewacht,
wird sofort ein Streich erdacht.

So 'ne Lade, das weiß jeder,
die hat zwei verschied'ne Räder,
rechts ein großes, links ein kleines,
das ist etwas Allgemeines,
denn damit will man erreichen,
stets die Furche auszugleichen.
Fritz und Klaus die beiden Racker
laufen querfeld über'n Acker,
drehen schnell die Kapseln los,
das geht alles ganz famos.
dann zum wahren Gaudium
wechseln sie die Räder um.
Flüchten hierauf husch, husch, husch,
hinter einen Dornenbusch,
um zu lauschen all zugleich,
ob gelungen dieser Streich.

Kurz drauf kommt der Bauersmann
schon mit seinen Pferden an;
angespannt und eins, zwei, drei,
gleich beginnt die Pflügerei.
Er ermuntert seine Rappen,
doch pardauz – es will nicht klappen;
kaum die Pferde angeschnippt,
ist die Lade umgekippt.
Und er weiß nicht, was geschehen,
kann es wirklich nicht verstehen,
weil es doch ging ohne Zweifel
noch bis Mittag wie der Teifel.
Pflug und Lade liegen um,
alles verwirrt und krumm;
selbst die Pferde aufgereget
und der Bauer überleget,
was wohl hieran schuld mag sein?
Setzt den Pflug von Neuem ein;
doch sieh da – ein Zuck, ein Schnick,

gleich dasselbe Missgeschick
Er fängt wütend an zu fluchen,
„Schluss! Der Schmied soll's untersuchen!"
Spannt sofort die Pferde aus,
reitet ärgerlich nach Haus'.
Lachend haben auf der Lauer
Fritz und Klaus belauscht den Bauer,
Spaß und Freude dran gehabt.
dass auch dieser Streich geklappt
und sie tüfteln beide drum
an dem nächsten schon herum.
Heimwärts, weil' erlaubt die Zeit,
sagt der Bauer gleich Bescheid
seinem Schmied – der hat gelacht,
ihn recht höhnisch sich betracht't
und spricht dann: „Im ganzen Leben,
kann's doch so etwas nicht geben;
solches ist unmöglich – nein –
dass muss in die Chronik 'rein!"

Vierter Streich

Wenn, wo reif die Heidelbeeren,
wir die Händler rufen hören,
die mit ihren blauen Waren
weithin durch die Lande fahren,
freu'n sich alle, klein und groß,
denn sie schmecken ja famos.
Zwar ist's keine Kleinigkeit,
oft zu fahren meilenweit.
Und auch, weil an warmen Tagen
Heidelbeeren leicht verschlagen,
bricht man auf vor Mitternacht.
Unterwegs wird Halt gemacht,
und nachdem man ausgeruht,
geht's dann noch einmal so gut.
Ihre Schiebekarren stellen
dann die fahrenden Gesellen
auf die Straß' am Waldesrand
was gar vielen längst bekannt

Doch, was and're Leute wissen,
werden wohl auch wissen müssen
die zwei Brüder Fritz und Klaus
und die nutzen alles aus.
Deshalb schleichen sie sich sacht
hin zum Waldesrand bei Nacht.
wo die Händler Tätzel, Kümmel
schlafen, machen sich die Lümmel
über deren Körbe her
so, als ob's erlaubet wär'.
Und da sie sich satt gegessen,
machen beide ungemessen
ihre Büchsen voll – und nun,
da die Männer weiter ruhn,
dreh'n sie leise, ohn zu knarren
schnell herum die Schiebekarren,
dass sie, wenn sie sind erwacht,
fahren wieder heim bei Nacht.

Um zu sehen ob es gelungen,
haben still im Wald die Jungen
sich versteckt und sind gespannt,
denn für sie ist's int'ressant,
wenn das, was sie ausgeheckt,
auch wird, wie geplant, vollstreckt.
Wie's bei ihnen immer Brauch,
klappte es nun diesmal auch;
denn die Männer, als sie munter,
schreiten ahnungslos hinunter,
treten in gewohnter Weise
nunmehr an die Weiterreise.
Doch mit ihren blauen Guschen
müssen Fritz und Klaus jetzt fuschen,
weil die Händler nicht gewahren,
dass sie rück- und heimwärts fahren;
gänzlich ohn' zu überlegen,
da sie keinen Argwohn hegen.
Wo der Tag beginnt zu grauen,
und die Gegend sie beschauen,
kommt es ihnen spanisch vor,
denn sie sind am blauen Tor,

wo vor'm Wald, links abgebieget
schon ihr Heimatdörfchen lieget.
Einer schaut den andern an,
keiner will sein schuld daran.
Kümmel meint im Weitergehen:
„Nimmer kann ich es verstehen,
wie dies konnte möglich sein;
das ist unerklärlich – nein!"
„Dieses bleibt für uns, spricht Tätzel,
stets ein ungelöstes Rätsel,
und wird es im Dorf bekannt,
dann „Ade" mein Heimatland!"
„Ja, auch ich, das muß ich sagen,
kann das Uzen nicht vertragen;
und wer will die Mäuler stoppen,
die uns dann zeitlebens foppen?
Tätzel, gut – ein Mann ein Wort –
wir verlassen diesen Ort!"
Bald drauf holen Fritz und Klaus
schon zu neuen Streichen aus.

Fünfter Streich

Hase war ein Junggeselle
dem als Freier stets die Felle,
die er glaubte zu bekommen,
restlos sind hinweg geschwommen.
Zwar verstand er's sich zu brüsten,
so, als ob's die Leut' nicht wüßten,
dass er sei, trotz dem Geschnick
weit noch hinterm Mond zurück.
Kam durch Eigenbröteleien
überhaupt gar nicht zum Freien.
war ein solcher Sonderling,
dem man aus dem Wege ging,
der sich durch Starrsinnigkeit

fast mit jedermann entzweit.
Fritz und Klaus die beiden Bengel,
die bekanntlich keine Engel,
hatte er auf dem Visier,
doch die rächten sich dafür.

Hinterm Haus in seinem Garten,
wo die Hühner Löcher scharrten,
stellten Fritz und Klaus bald fest,
dass hier sei ein Wespennest.
Und gleich hatten sie geplant,
was Herr Hase nicht geahnt.
in der Woche hörten selten
sie ihn durch den Garten schelten;
Sonntags dann unzweifelbar
er in seinem Garten war.
Hatte mit den Nachbarsleuten
viel zu zanken und zu streiten;
auch sie hat er schon verblaut,
wenn sie ihm sein Obst geklaut;
deshalb wissen sie Bescheid,
sind in alles eingeweiht.

Sonntags schleichen sich die Rangen
mit zwei Drähten, ziemlich langen
in den Garten des Herrn Hase,
legen sich versteckt im Grase,
bis direkt vor's Wespennest,
was sich leicht vollführen lässt.
Dann gleich bis zur nächsten Scheuer,
weil von hier das Abenteuer
ungehindert, ungesehen
kann mit Hase vor sich gehen.

Ruhig liegen auf der Lauer
Fritz und Klaus. Nach kurzer Dauer
kommt er schon im Garten lang,
lässt sich nieder auf der Bank,
die die Brüder schon vor Tagen
nah ans Wespennest getragen.
Jetzt ist der Moment gekommen,
und wie sie sich's vorgenommen,
schieben sie die Drähte fest
tief hinein ins Wespennest.

Aber Stänkern, Stechen, Schlagen
können Wespen nicht vertragen,
drum so stark wie fast ein Arm,
summt heraus der ganze Schwarm.
Der Erfolg ist unbeschreiblich
und die Wirkung unausbleiblich,
denn, wo sie noch tiefer schieben,
ist nicht eine drin geblieben,
und mit blank gezog'nem Speer
fall'n sie über Hase her.
Er schlägt um sich, will sich wehren,
schreit, doch niemand kann ihn hören.

Wespen sitzen im Genicke
und am Halse fingerdicke,
an der Stirn und auf der Nase,
ja, man sieht nichts mehr vom Hase.
weil es schmerzt nun gar zu sehr,
schreit und schreit er immer mehr.
Da kommt endlich angerannt
mit der Gießkann' in der Hand
seine Schwester, wo sie's sieht,
zittert ihr fast jedes Glied.
Doch sie hat sich schnell entschlossen
und ihn pudelnass gegossen;

so ist endlich er erlöst
und von Wespen ganz entblößt.
So steht nun der arme Wicht
mit geschwollenem Gesicht,
futtschenass noch obendrein,
schimpft und wettert ungemein,
wird vor Ärger kreidebleich.
Über den gelung'nen Streich
sind zufrieden nun die Beiden,
lachen, und sind voller Freuden;
sinnen für den nächsten Tag
über neue Streiche nach.
Als dann nach ein'gen Wochen
sich im Dorf herumgesprochen,
waren durchweg all die Leute
tief erfüllt von Schadenfreude,
weil den zwei verwog'nen Jungen
dieser Streich so gut gelungen.
Niemand war darob betrübt,
Hase galt als unbeliebt.

Sechster Streich

Einer war nun noch im Orte,
auch so von derselben Sorte
wie Herr Hase ungefähr
und verhasst genau so sehr
wollt' die ganze Welt bekehren.
Wollte jedermann belehren,
ständig andrer Fehler rügen,
konnte dabei selbst verfügen
über solche massenhaft,
mehr, wie alle Nachbarschaft.
Gut bekannt war er ringsum
wohl als reich, doch auch als dumm,
und besonders noch verhasst,
weil er stark vom Geiz erfasst.

Abends saß gewöhnlich immer
er in seinem dunklen Zimmer;
Licht ward selten mal gebrannt,
denn das kostet allerhand.
Fritz und Klaus natürlich kannten
Auch den weitläufig Verwandten,
und er sollt', wic wir dann sehen,
Deshalb auch nicht leer ausgehen.
Fritz und Klaus die wissen das
und erlauben sich den Spaß,
rufen abends vor dem Haus:

„oller Quersack schau mal raus!"
Wenn er Quersack rufen hört,
ist er kolossal empört.
Weiter rufen sie im Takt,
bis ihn hat die Wut gepackt
und reißt 's Fenster auf, alsdann
guckt und fängt zu schimpfen an.

Endlich haben sie's so weit;
Fritz und Klaus steh'n schon bereit,
jeder in der Hand 'ne Spritze,
vollgesaugt mit schmutz'ger Pfütze,
welche sie dem geiz'gen Wicht,
spritzen hastig ins Gesicht.

Wo die Fäuste er geballt,
und das Fenster zugeknallt,
kommt er nun heraus geflitzt,
die zu fassen, die gespritzt.
Doch sie hatten nichts verfehlet
und auch dieses mitgezählet.

Kaum wo er ein Stück gesprungen,
war der zweite Akt gelungen;
plumps da lag er auf der Nase,
denn ein Bauholz quer der Straße
musst ihm, wie's so geht auf Erden
diesmal zum Verhängnis werden,
welche, als mit Teer beschmiert,
Fritz und Klaus hierher bugsiert.

Doch die zwei verwog'nen Kunden
sind lautlachend längst verschwunden
Onkel Quersack voller Teer
kennt sich fast vor Wut nicht mehr.
Er hört weitweg von den Zweien,
dass sie Geizhals, Quersack schreien;
freu'n sich und sind ganz entzückt,
dass auch dieser Streich geglückt.
Aber ähnlich wie bei Hase,
ging durch 's Dorf bald ein Gequase;

Freude mischte sich mit Hohn,
weil der Quersack seinen Lohn
endlich, endlich mal gekriegt,
doch durch wen? G'nau wußt' man's nicht.
Immerhin war es zu denken,
dass bei derartigen Ränken
hatten – es verriet's der Stil –
Fritz und Klaus die Hand im Spiel.
So geht's, wenn man geizig ist
und dadurch so ganz vergisst,
dass man, falls man's kann, soll geben,
denn sie wollen alle leben.
Fritz und Klaus doch tüfteln gleich
Schon herum am nächsten Streich.

Siebenter Streich

Auch der alte Jakob Leister,
ein gewandter Malermeister,
der gleich wohnte nebenan,
hatte seinen Ärger dran,
dass die Bengel Fritz und Klaus
steckten stets etwas heraus,
was ihm nicht behagen wollte
und er oftmals d'rüber grollte.
Seine Pinsel, Farbebecken,
konnt' er noch so sehr verstecken,
das war beiden einerlei,
denn sie holten's schon herbei.

Überall, an Toren, Türen
ein Bepinseln, ein Beschmieren;
scheinbar wussten sie gar nicht,
was die alte Regel spricht:
„dass es stets sind Narrenhände,
die beschmieren Tisch und Wände."
Doch den Gipfel ihrer Sünden
werden wir bestimmt erst finden
durch den Streich, den sie ersonnen
und gleich wie geplant, begonnen.
Unweit, in der selben Kante
wohnte der Bauer Nante;

auf dem Felde waren alle,
müßig doch daheim im Stalle
hatte er zwei Rappen stehn,
ein paar Pferde – einzig, schön.
Doch für Fritz und Klaus natürlich
gab es nichts, was unausführlich;
also machten fix die Lümmel
aus den Rappen ein paar Schimmel,

denn sie hatten ungeniert
diese ganz mit Kalk beschmiert.
Kurz drauf in der Vesperpause
kommt der Bauer mal nach Hause.
wo er sieht die beiden Schimmel,
wähnt er sich im dritten Himmel.

Voll Erregung glaubt Herr Nante,
dass ihm die Zigeunerbande,
die nun schon seit ein'gen Tagen
draußen vor dem Dorfe lagen
hätten, da sie unbelauscht,
seine Rappen umgetauscht.

Doch, wo er sie genau betrachtet
und haarscharf auf alles achtet
sie dann schließlich noch beschirrt,
merkt er, dass er sich geirrt.
Läuft darauf, ohn lang zu sinnen,
mit der Peitsche schnell von hinnen,
holt die Brüder Fritz und Klaus
wütend aus dem Haus heraus,

denn zu solcher Niedertracht,
kamen die nur in Verdacht.
Wuchtig haut er obendrein,
ob sie winseln, ob sie schrei'n,
auf den Hintern, auf den Rücken,
bis die Peitsche fliegt in Stücken.
Also war's den beiden Jungen
diesmal nicht so ganz gelungen,
drum gelobten sie zugleich:
„Dies war unser letzter Streich!"
Und so möchten sie auch nun
forthin nicht mehr Böses tun,
denn es könnt' sonst, gäb's Beschwerden,
ihnen zum Verhängnis werden.

Heinrich Erdmann
1870 – 1957
Vogteier Heimat- und Mundartdichter

Nachwort
von Dieter Fechner

Heinrich Erdmann
Vogteier Heimat- und Mundartdichter

wurde am 17. September 1870 in Oberdorla als Sohn eines Schuhmachers und Landwirtes geboren. Er war der älteste Sohn von sechs Kindern. Bereits als Zwölfjähriger verfasste er seine ersten Gedichte. Nach dem Besuch der Volksschule war Erdmann als Schuhmacher, Landwirt, Postagent und Rechner des Spar- und Darlehensvereins tätig. Erdmann, der Musiker werden wollte, spielte Geige, Waldhorn und Bass und half auch im städtischen Musikchor aus. Nach dem ersten Weltkrieg und das ist wohl einmalig in Deutschland gewesen! – gab er eigenes Notgeld heraus. Er war in den fünfziger Jahren Mitbegründer dreier Genossenschaften und war Geschäftsführer der Dreschgenossenschaft. Der Vogteier betrieb eine Schuhmacherei und später die Landwirtschaft und wirkte im Kirchenchor, Turn- und Gesangverein mit. In seiner karg bemessenen Freizeit brachte er seine Eindrücke zu Papier. Seine überwiegend hochdeutschen Dichtungen, von denen viele von Rektor Oskar Dörre und dem Kammermusiker Paul Erdmann, seinem Neffen, vertont worden sind, hat er 1927 unter dem Titel „Bauer und Dichter" erscheinen lassen. Der Band enthielt „Ausgewählte ernste, heitere und mundartliche Dichtungen auf 108 Seiten. Für einen engeren Freundeskreis legte er 1935 das Heft „Vogteier Humor" vor. Es enthielt 33 mundartliche Dichtungen. Im Vorwort meinte der Bauerndichter: „Sprache ist Ausdruck der Volksseele".
1941 erschien Heinrich Erdmanns Buch „Schnorrn, Schnelln un aale Kamelln, drollige Dichtungen in Vogteier Mundart mit Anhang: Fritz und Klaus, sieben tolle Streiche zweier verwogener Dorfjungen".

Er gab das 207 Seiten umfassende Buch mit über 70 mundartlichen Gedichten und der „Max- und Moritz-Geschichte" im Selbstverlag heraus. Stadtarchivar Dr. Ernst Brinkmann schrieb im Vorwort unter anderem: „Mit hellem Sinn hat er allerlei dörfliche Geschehnisse und Begebenheiten, Sitte und Brauch in ihrem Humor erfasst und geschildert, die tiefen volkstümlichen Einblick in die dörfliche Denkweise von groß und klein gewährt". Erdmann erzählte „Us aalr Ziit". Ein Rezensent schrieb: „Seine Gedichte sind in ihrem inneren Aufbau lebendig gesteigert bis zum Schlusspunkt". Sie enthielten eine Fülle Texte in Vogteier Platt, und man findet unter den Gedichten köstliche Perlen heimischen Humors. 1942 folgte bereits eine zweite Auflage dieses Buches.

Erdmann schrieb bis zu seinem Tode Gedichte und Lieder, auch Schwänke und Schnurren vielfach in Vogteier Mundart. Er besang die Natur und immer wieder die Heimat. Er mahnte, die Gemeinschaft zu pflegen, und er erinnerte sich gern seiner Jugend.

Festliche Gelegenheiten im Ort und zahlreiche Familien bereicherte Erdmann mit seinen Versen. Eine seiner letzten großen Dichtungen war ein Prolog zur 1100-Jahrfeier des Ortes Oberdorla 1954, die der 84-Jährige persönlich vortrug.

Heinrich Erdmann, der von den Vogteiern liebevoll unser „Vetter Heinrich" genannt wurde, starb am 1. Dezember 1957 in Oberdorla. Eines seiner letzten Gedichte „An mein Herz" verfasste er anlässlich seines 87. Geburtstages . darin heißt es, sein Herz habe „3 Milliarden 430Millionen mal" geschlagen. An anderer Stelle äußerte Erdmann: „Ich habe ausgedichtet – vorbei ist Freud' und Leid; die Welt , sie hat verzichtet auf meine Wenigkeit". Sein Grabstein aus heimatlichen Muschelkalk trägt die Inschrift:

„HIER RUHT IN GOTT / HEIMATDICHTER / HEINRICH ERDMANN / geb.17. Sept. 1870 / gest. 1. Dez. 1957".

Zwischen den Majuskeln entdeckt man den von dem Dichter selbst verfassten Spruch: „Du Grabmal, das man mir erbaut / sag's jedem, der vorüber geht / und etwa fragend nach dir schaut: / Hier ruht ein schlichter Dorfpoet / der stets dem lieben Gott vertraut".

Ferner schmückt das Grabmal ein von Erdmann selbst entworfenes Emblem mit Pflug und Feder, als Sinnbild für die dabei eingemeißelten Worte „Bauer und Dichter".

Drei Tage nach dem 89. Geburtstag des Heimatdichters wurde 1959 an seinem Wohnhaus in Oberdorla eine Gedenktafel angebracht. Die Eichenholztafel schuf der Mühlhäuser Holzbildhauermeister Friedrich Nixdorf. An deren feierlicher Enthüllung nahm die Bevölkerung regen Anteil.

Die 1928 gegründete Mühlhäuser Mundartgruppe „Müllhisser Spellschtobben" pflegte auch die Mundartdichtung Heinrich Erdmanns.

Das Ehepaar Georg und Karin Weißenborn entdeckte im Juli 1990 auf ihrem Grundstück in der Heyeröder Strasse 20 in Oberdorla bei Ausschachtungsarbeiten einen besonderen Fund. Birken standen in der vorgesehenen Ausschachtungsfläche. Beim Entfernen der Stammwurzel einer Birke gelangten Scherben einer Flasche ans Tageslicht. Man endeckte ein handgeschriebenes Manuskript in der alten Sütterlinschrift.

Der frühere Besitzer des Anwesens Heinrich Erdmann hatte es am 8. April 1953 verfasst (Das Manuskript ist auf den Seiten 152 und 153 dieses Buches abgedruckt).

                                                Redaktionell gekürzt

Elternhaus von Heinrich Erdmann
Hausnummer 261   jetzt Langulaer Strasse 10

Die letzte Ruhestätte des Heimatdichters
auf dem Friedhof in Oberdorla

Gedenktafel am Wohnhaus

Heinrich Erdmann und Jakob Stollberg 1954

Zum Geleit

Die Mundart ist das Sprachgut unserer Vorfahren. Die Gegenwart hat sie von der Vergangenheit geerbt. Wir müssen sie deshalb mit Liebe und Verständnis hegen und pflegen, zumal da sie mehr und mehr im Schwinden begriffen ist.

Es ist in jeder Hinsicht sehr zu begrüßen, daß sich der Heimatdichter Heinrich Erdmann in Oberdorla entschlossen hat, seine mundartlichen Dichtungen der Allgemeinheit durch den Druck zugänglich zu machen. Seine überwiegend hochdeutschen Dichtungen, von denen viele durch Rektor Dörre und den Kammermusiker Paul Erdmann, seinen Neffen, vertont worden sind, hat er 1927 erscheinen lassen unter dem Titel „Bauer und Dichter". In der vor den Toren Mühlhausens liegenden Vogtei ist die Mundart wie vieles Volkskundliche noch recht lebendig. Hier hat sie noch nichts Gekünsteltes, Gemachtes, sondern trägt noch deutlich und sichtbar den Stempel des Natürlichen, Ursprünglichen, Echten.

Heinrich Erdmann ist am 17. September 1870 in Oberdorla geboren. Der Vater war Schuhmacher und Landwirt. Heinrich war der älteste Sohn unter acht Kindern. Er besuchte die heimische Volksschule. Als 12jähriger verfaßte er bereits seine ersten Gedichte. Er blieb in einem langen, vielseitigen, arbeitsreichen Leben als Schuhmacher, Musiker, Landwirt, Postagent, Rechner des Spar- und Darlehnskassenvereins und Geschäftsführer der Dreschgenossenschaft der heimatlichen Scholle treu verbunden.

Mit hellem Sinn hat er allerlei dörfliche Geschehnisse und Begebenheiten, Sitte und Brauch in ihrem Humor erfaßt und geschildert, die tiefen volkskundlichen Einblick in die dörfliche Denkweise von groß und klein gewähren. Dieses schätzenswerte Gut geht so nicht verloren, es wird dem Inhalt und der Form nach der Nachwelt überliefert und vermag jetzt und später der forschenden Wissenschaft wertvolle Aufschlüsse zu geben.

Möge das fröhliche Buch recht viele fröhliche Leser finden!

Dr. Brinkmann,
Archivar der Stadt Mühlhausen i. Thür.